Hans-Jochen Vogel

Von tief gesunkener Moral

Hans-Jochen Vogel

Von tief gesunkener Moral

Königlich bayerische Rechtsvorschriften

rosenheimer

Titelbild: Raimund Löfflad, Rosenheim
Satz: Buch-Werkstatt GmbH, Bad Aibling
Druck und Bindung: Wiener Verlag, Himberg
Printed in Austria

ISBN 3-475-52920-3

Inhalt

II. TEIL: BEKANNTMACHUNGEN DER KÖNIGLICHEN POLIZEIDIREKTION MÜNCHEN UND ANDERE BEKANNTMACHUNGEN, DIE SICH NUR AUF MÜNCHEN BEZIEHEN

Vorwort

Vor über 40 Jahren habe ich als junger Amtsgerichtsrat in der bayerischen Staatskanzlei an der sogenannten Bereinigung des bayerischen Landesrechts mitgewirkt. Die in Bayern geltenden landesrechtlichen Vorschriften waren zu dieser Zeit über mehr als 170 Bände der seit 1802 erschienenen amtlichen Verkündigungsblätter verstreut und deshalb auch für Experten mitunter nur schwer zu finden. Bei vielen war auch zweifelhaft, ob sie überhaupt noch in Kraft waren. Selbst von den formal noch geltenden Vorschriften erschienen viele als entbehrlich. Wilhelm Hoegner, damals Bayerischer Ministerpräsident, erteilte deshalb den Auftrag, die wirklich noch notwendigen Vorschriften herauszusuchen und in einer neuen Sammlung zusammenzufassen. Das geschah und diese Sammlung umfasste dann übersichtlich geordnet statt der bisherigen, mehrere Regale füllenden Bände nur noch ganze vier. Alle in die neue Sammlung nicht aufgenommenen Vorschriften setzte der Bayerische Landtag durch ein eigenes Gesetz außer Kraft. Die übrigen Bundesländer und der Bund selbst sind dem bayerischen Beispiel alsbald gefolgt.

Ich habe auf diese Weise über 20 000 Vorschriften und Bekanntmachungen zur Hand nehmen müssen. Später kamen noch einmal einige hundert Münchner Vorschriften hinzu, weil ich als Rechtsreferent der Stadt eine entsprechende Bereinigung auch für das Münchner Stadtrecht durchgeführt habe. Mir wurde bei dieser Arbeit deutlich, wie viel sich aus alten Gesetzen und Verordnungen über die Geschichte unseres Landes entnehmen lässt. Vielleicht nicht so sehr über die sogenannte »große« Geschichte. Aber doch über die Verhältnisse, in denen die Menschen seinerzeit lebten, über ihre Freuden und Sorgen, über die Art und Weise, in der die Obrigkeit mit ihnen umging, über den Geist, der damals in Bayern herrschte und nicht zuletzt über die Sprache, die damals – jedenfalls in den behördlichen Kanzleien – gesprochen und geschrieben wurde.

Solche Hinweise waren früher zahlreicher als heute, weil das 19. Jahrhundert noch nicht so scharf zwischen Rechtsvorschriften, Verwaltungsanordnungen und einfachen Mitteilungen unterschied, wie das später üblich wurde. Es tauchen daher immer wieder auch belehrende Texte, Abmahnungen und sonstige Nachrichten auf, in denen uns das damalige Leben ganz konkret vor Augen tritt. Ich hielte es für bedauerlich, wenn auch solche Texte nur noch in den Archiven zu finden wären. Deshalb habe ich schon Anfang der sechziger Jahre eine Zusammenstellung von Vorschriften und Bekanntmachungen veröffentlicht, die mir in diesem Sinne besonders charakteristisch erschienen.

Der von verschiedenen Seiten geäußerten Anregung, diese längst vergriffene Zusammenstellung neuerdings herauszubringen, komme ich mit dem vorliegenden Bändchen gerne nach. Zum besseren Verständnis habe ich die Texte diesmal mit knappen Erläuterungen und Bemerkungen versehen. Aber das Hauptgewicht liegt auf den Texten selbst. Ihr Wortlaut vermittelt einen viel unmittelbareren Eindruck, als das eine noch so bemühte Nacherzählung in unserer heutigen Sprache könnte. Deshalb ist bei den Texten auch die seinerzeitige Schreibweise beibehalten worden.

Über manches, was da zu lesen ist, wird man schmunzeln. Man wird es ergötzlich finden und vielleicht sogar meinen, dass wir es doch inzwischen viel weiter gebracht hätten. Das ist auf etlichen Gebieten sicher richtig; so etwa, wenn wir an unsere demokratische und unsere – allerdings gerade jetzt wieder lebhaft umkämpfte – sozialstaatliche Ordnung oder an unseren materiellen Lebensstandard denken. Aber ungeachtet aller solcher Fortschritte: In einem war uns die damalige Zeit über. Sie war geruhsamer und gemächlicher, mehr den kleinen und überschaubaren Dingen zugewandt als unsere hektische, von Reizen aller Art überflutete, da und dort schon aus der realen in eine virtuelle Wirklichkeit flüchtende und von der Vorstellung eines grenzenlosen Wachstums angetriebene Gegenwart.

Mir hat die erneute Beschäftigung mit diesem Stück bayerischer Vergangenheit Vergnügen bereitet. Ich hoffe, dass es den Leserinnen und Lesern ebenso geht. Und dass sie nach der Lektüre ein wenig besser verstehen, was es mit den bayerischen Traditionen, der bayerischen Eigenart und mit der bayerischen Eigenständigkeit auf sich hat und warum es sich lohnt, sie auch in Zukunft zu pflegen.

Behilflich waren mir außer dem Verlag und seinem Lektor in der einen oder anderen Weise Herr Professor Dr. Prinz, Herr Dr. Rumschöttel, Präsident der Generaldirektion der staatlichen Archive Bayerns, Herr Dr. Bauer, Leiter des Stadtarchivs der Landeshauptstadt München, und ihre Mitarbeiter. Ihnen allen gilt mein Dank.

Erstes Wappen des Königreiches Bayern
(1806)

Dieses Wappen wurde von König Max I. Joseph durch Verordnung vom 20. Dezember 1806 eingeführt und bis zum Jahre 1835 verwendet. Die Rauten repräsentieren die verschiedenen, zum Königreich zusammengeschlossenen Territorien. Das Mittelschild enthält als Symbole der Souveränität Zepter, Schwert und Königskrone.

I. TEIL

BAYERISCHE GESETZE, VERORDNUNGEN UND BEKANNTMACHUNGEN

Churpfalzbaierisches Regierungsblatt.

1. Handwerksmissbräuche der Färbergesellen (1801)

Diese Verordnung stammt noch aus der Zeit vor der Erhebung Bayerns zum Königreich. Kurfürst war damals, als Nachfolger des wenig beliebten Carl Theodor, Maximilian I. Josef, der spätere König Max I. Die Generallandesdirektion war für Altbayern zuständig und für dieses Gebiet so etwas wie ein Landesverwaltungsamt.

Der Inhalt der Verordnung lässt erkennen, dass es Anfang des letzten Jahrhunderts bei den Handwerksgesellen recht lebensfroh zuging. Fremden Handwerksburschen begegnete man mit bemerkenswerter Fürsorge. Ob die einheimischen Gesellen wirklich nur so widerwillig mitzechten und mitaßen, wie es im Text heißt, mag man bezweifeln. Wahrscheinlich missfiel der Brauch eher den Meistern, deren Gesellen nach durchzechter Nacht wenig arbeitsfreudig gewesen sein dürften. Auffällig ist auch, dass die Aufeinanderfolge von drei oder gar vier Feiertagen damals offenbar nichts Ungewöhnliches war.

Dass sich die Generallandesdirektion in einer eigenen, im Regierungsblatt bekannt gemachten Verlautbarung mit dem in Rede stehenden Missbrauch befasst, zeigt die Bedeutung des Handwerks in jener Zeit. Zugleich spricht daraus der Geist der Aufklärung und die Überzeugung, dass die Obrigkeit zur fürsorglichen Reglementierung aller Lebensverhältnisse berufen sei. Die Verordnung ist auch ein erstes Beispiel für den Stil, in dem damals solche Vorschriften abgefasst wurden. Er kommt uns heute reichlich geschraubt und umständlich vor, sollte seinerzeit aber wohl den Bildungsstand und die Bedeutung dessen hervorkehren, der sich so ausdrückte.

Der churfürstlichen höchsten Stelle ist jener Mißbrauch des Färberhandwerks unterthänigst angezeigt worden, nach welchem jeder fremde Gesell, der an einem Feyerabende angekommen, nicht nur von dem Meister, welchen eben die Reihe getroffen hat, reichlich verpflegt wird, sondern auch am Feyertage Abends um zwey Uhr von den in Arbeit stehenden Gesellen übernommen, auf die Herberge geführt, dort bis sieben Uhr, und nach dem Abendessen mehrmals bis 10 oder 11 Uhr mit Bier, Brod, und Toback in der Zeche muß freygehalten werden.

Hiebey konnten dieselben nicht etwa mit der ohnehin kostbaren Entrichtung dessen, was der Fremde verzehrt, sich von Zeitversäumniß, und eigenem unnöthigen Aufwande loskaufen, sondern sie waren noch überdieß gezwungen, dieser Schlemmerey selbst beyzuwohnen, und widerwillig mitzuzechen.

Um aber das Vernunftwidrige und Nachtheilige dieses Unfugs auf das höchste zu treiben, mußte jener Aufwand an jedem der unmittelbar nachfolgenden Feyertage, wären ihrer auch drey oder vier, wiederholt werden.

In gerechter Mißbilligung dieses Handwerks-Mißbrauches, welcher den Müßiggang und die Schlemmerey eben so unterstützt, wie er Meister und arbeitende Gesellen empfindlich drückt, folglich auf die Industrie, und das Publikum schädlichst zurückwirkt, wird beschlossen:

1. *Daß dieser Mißbrauch des sogenannten Auszechens im ganzen Lande durchgehends aufgehoben sey, und*
2. *die Uebertretung mit empfindlicher Strafe belegt werden solle, welche die Ortsobrigkeiten nach Umständen gesetzlich zu bestimmen haben; indem*
3. *die Gesellen zum Unterhalt des wandernden Fremden weder etwas zu leisten schuldig, noch auch das Auszechen freywillig fortzusetzen berechtiget, auch*
4. *die Meister außer dem, womit sie den Fremden unter der Zeit der Umfrage um Arbeit nothdürftigst unterstützen wollen, zu nichts verbunden sind.*

Die Polizeystellen haben diese gnädigste Verordnung den Handwerksladen der Färber zu eröffnen, sie zur gehorsamsten Befolgung derselben anzuweisen, sich selbst aber schuldigst darnach zu achten.

München den 23sten Dezember 1801.

Churfürstliche General-Landesdirektion.
Freyherr von Weichs, Präsident.
Sekretär Kroiß.

(Bekanntmachung vom 23. Dezember 1801, RBl. 1802 Sp. 18)

2.
Korrespondenz der kurfürstlichen Behörden (1802)

Auch für diesen Text gilt: Gelehrter bayerischer Kanzleistil ist nicht immer leicht verständlich! Die Anweisung für den Schriftverkehr der kurfürstlichen Behörden – heute würde man wohl von einer Geschäftsordnung sprechen – stellte allerdings gegenüber dem früheren Zustand schon eine gewisse Vereinfachung und Vereinheitlichung dar.

Bemerkenswert ist der feine Unterschied zwischen »requirieren« und »ersuchen« bei Anforderungen an die Militärbehörden. Er ist abhängig vom Rang der Behörde, von der die Anforderung ausgeht. Zumindest der Begriff »requirieren« könnte übrigens als ein gewisses Primat der Zivilbehörden gedeutet werden. Oder auch die Bestimmung, dass bei Amtsschreiben an die Parteien »mit Weglassung aller Eingangs- und Schlussformeln lediglich die Sache selbst abzuhandeln« und »der Redesatz in der dritten Person zu beobachten« ist. Typisch für die damalige Zeit die Schlussbestimmung, derzufolge bei den Korrespondenzen »die Beobachtung der geziemenden höflichen Schreibart nach der stufenweisen Verschiedenheit der Stellen und der Grade der Individuen nie außer Acht zu lassen« ist. Man lebte eben noch in einer streng hierarchisch gegliederten Gesellschaft und erachtete den, der mit einer Behörde zu tun hatte, mehr als Untertan denn als einen Staatsbürger mit eigenen Rechten.

Übrigens: Die gesamte Korrespondenz, von der hier die Rede ist, wurde ausnahmslos mit der Hand erledigt. Und zwar zumeist in einer für jedermann leserlichen Schrift!

Bereits unterm 1sten Novembers 1801 ist die höchste Entschließung in Betreff der Titulatur bey churfürstlichen unmittelbaren und Kollegialausfertigungen zur allgemeinen Nachachtung bekannt gemacht worden.

Nachdem aber seitdem verschiedene Anfragen gestellt, und mehrere andere auf den Geschäftsstyl und die ämtliche Korrespondenzart Bezug habende Gegenstände in Erinnerung gebracht worden sind; so will man in Gemäßheit der hierüber noch weiters erfolgten höchsten Entschließungen folgende Vorschriften hiemit zur ungesäumten Befolgung allgemein bekannt machen.

1. *Durch die Abänderung der Titulatur wollen Seine Churfürstliche Durchlaucht auf keine Art die Würde und das Ansehen der Stellen gemindert wissen.*
   Es sollen daher in den Berichten und Vorstellungen bisher in Uebung gewesene Ausdrücke, durch welche den höheren Landesstellen die schuldige Verehrung und der gebührende Gehorsam bezeigt worden sind, als »ehrfurchtsvollest empfehlend, unterthänigst gehorsamst,« u.dgl. um so mehr beybehalten werden, als diese Stellen immer unter der Voraussetzung: »Im Namen Seiner Churfürstlichen Durchlaucht zu Pfalzbaiern« befehlen und erkennen.
2. *In den Unterschriften der berichtgebenden Behörden ist die vorige Submißion dergestalt zu beobachten, daß nach der Benennung der Stelle oder des Amtes die vorige Unterzeichnungsart rechts unten im Ecke mit dem Beysatze: unterthänigst gehorsamst beybehalten werde. Z.B.*

Churfürstliche Regierung	*N.N.*
unterthänigst gehorsamste	*N.N. Präsident.*
	N.N. Referent.
	N.N. Sekretär.

Churfürstliches Landgericht *N. N.*
untertänigst gehorsamste *N. N.* Landrichter.
N. N. Gerichtschreiber.

3. *Nach der Analogie der höheren Kollegien ist auch die Korrespondenzart der unteren Behörden unter sich und an die Partheyen einzurichten, alle persönlichen Anreden, mithin Titulaturen, Beziehungen und Schlußformeln wegzulassen, und bloß unter Benennung, Unterschrift und Aufschrift des Amtes, des bürgerlichen Magistrats, oder sonstiger Stelle gegen einander zuzuschreiben: auch hat im Kontext alles wegzubleiben, was auf eine persönliche Karakterisirung Bezug hat, ohne jedoch bey der Einkleidung des Styls die verhältnismäßige Achtung zu vernachläßigen.*
4. *Anstatt der bisherigen gradweisen Signaturen und Amtsschreiben haben die unteren Behörden in Zukunft an die Partheyen einerley Ausfertigungen oben mit der Ueberschrift des Amtes, z. B.*

Von Churfürstlichen Hofoberrichteramts
wegen.

Von Churfürstlichen Landgerichts
wegen.

Dann am Ende mit der Unterschrift des Beamten, mit Weglassung aller Eingangs- und Schlußformeln einzuführen, lediglich die Sache selbst abzuhandeln, und hiebey den Redesatz in der dritten Person zu beobachten.

5. *Anstatt der bisher üblichen Privatsignete der Beamten in den Amtsausfertigungen sollen gleichförmige Amtssignete mit den kleineren Wappen von drey Feldern, (wie es sich oben an dem Regierungsblatte befindet) mit der Umschrift des Amtes gebraucht werden. Jedoch soll dieses erst nach der Organisation der Aemter vollzogen werden.*

6. *In jenen dringenden Fällen, wo nach der höchsten Kabinetsordre vom 4ten Dezember 1801 die Benehmung einer Civilstelle mit einem Militärkommando oder einer Militärsperson nothwendig wird, soll die höchste Vorschrift vom 9ten Oktober 1801 beobachtet werden.*
7. *Die oberen Justiz- und administrativen Landesstellen sollen in ihren erlassenden Signaturen an Subaltern- und Staabsoffiziere bis zum Obersten einschlüßig, wenn diese ein Kommando führen, folgende Kourtoisie gebrauchen:*

   Von Seite der Landesdirektion. – Regierung N. N. wird der churfürstliche Oberste und Kommandirende Offizier des Regiments N. N. requirirt, etc. etc.
8. *Bey den höheren Divisions- oder Brigadebehörden ist statt des einzurückenden Karakters des kommandirenden Offiziers zu setzen:*

   Ein churfürstliches Divisions- (Brigade-) Kommando zu N. N. etc. etc.
9. *Die unteren Stellen, Beamten etc. etc. haben sich in ihren Schreiben statt des Ausdrucks r e q u i r i r t, des Wortes e r s u c h t zu bedienen, z. B.*

   Von Seite des Landgerichts N. N. wird der Herr Oberste und Kommandirende Offizier des Regiments N. N. ersucht, etc. etc.
10. *Uebrigens ist allen solchen Korrespondenzen die Beobachtung der geziemenden höflichen Schreibart nach der stufenweisen Verschiedenheit der Stellen, und der Grade der Individuen nie außer Acht zu lassen.*

    Nach dieser gnädigen Bestimmung haben sich daher sämtliche Behörden durchgehends zu achten.

München den 15ten Februar 1802.

Churfürstliche General-Landesdirektion
Freyherr von Weichs, Präsident.
Eisenrieth, Sekretär.

(Bekanntmachung vom 15. Februar 1802, RBl. Sp. 125)

3.
Dass den Postkutschen ausgewichen werden soll (1802)

Gewisse Unarten mancher Verkehrsteilnehmer sind offenbar zeitlos und waren schon lange vor der Erfindung des Autos immer wieder zu beobachten. Anschaulich zeigt das diese Verordnung, die daran erinnert, dass vor 200 Jahren die Postkutsche das einzige öffentliche Verkehrsmittel war. Zugleich stellt der Text einen sehr frühen Ansatz zu einer Straßenverkehrsordnung dar.

Man hat die Anzeige erhalten, daß zur Beschwerde der Reisenden auf den Post- und Landstrassen den Posten von den andern Fuhren vielfältig nicht ausgewichen, und selbe öfters sogar im Vorbeyfahren geflissentlich gehindert werden.

Damit nun diese Beschwerde gehoben, die Reisenden nicht aufgehalten, und die hiebey oft sich ereignenden Unglücksfälle vermieden werden, will man hiemit die ernstliche Verordnung allgemein bekannt machen, daß den Posten auf das durch das Posthorn gegebene Zeichen jedesmal von den andern Fuhren nach Möglichkeit ausgewichen werden solle.

München den 19ten July 1802.

Churfürstliche General-Landesdirektion.
Freyherr von Weichs, Präsident.
Eisenrieth, Sekretär.

(Bekanntmachung vom 19. Juli 1802, RBl. Sp. 125)

4.
Landwirtschaft und Beamte
(1802)

Unlautere Machenschaften im öffentlichen Dienst, bei denen das Amt für persönliche Interessen missbraucht wurde, hat es offensichtlich schon damals gegeben. Für unser Sprachempfinden ist auffällig, dass man das als »Unfug« bezeichnete. »Ehehalten« ist eine alte Bezeichnung für Knechte und Mägde. Interessant, dass Beamte offenbar in erklecklicher Zahl mit »Ökonomien« versehen, also neben ihrem Amt als Gutsbesitzer oder Landwirte tätig waren. »Düngen« ist wohl ein Druckfehler, gemeint ist wahrscheinlich »dingen«.

Man hat die unangenehme Bemerkung gemacht, daß einige churfürstliche Beamte, welche bey ihrem Dienste Feldbau besitzen, die hiezu nothwendigen Taglöhner, und Dienstbothen durch die Gerichtsdiener aufbiethen lassen; dieser Unfug wird gänzlich, und für allzeit abgeschafft, den mit Oekonomien versehenen Beamten aber aufgetragen, künftig sich ihre Tagwerker und Ehehalten ordnungsmäßig zu düngen.

München den 2ten July 1802.

Churfürstliche General-Landesdirektion.
Freyherr von Weichs, Präsident.
Raßhofer, Sekretär.

(Bekanntmachung vom 2. Juli 1802, RBl. Sp. 513)

5.
Warnung vor Schatzgräberei und Aberglauben
(1802)

»Schatzgräber« waren Leute, die behaupteten auf den Grundstücken von Landwirten kostbare Schätze heben zu können – und dabei an ihren gutgläubigen Kunden gar nicht schlecht verdienten. Auch ansonsten müssen abergläubische Vorstellungen in der damaligen Zeit weit verbreitet gewesen sein. Allerdings sollten wir über dergleichen Erscheinungen nicht zu laut lachen: Auch in unseren vermeintlich so aufgeklärten Zeiten fallen bekanntlich nicht wenige auf betrügerische Tricks skrupelloser Zeitgenossen herein.

Die hier ausgesprochene Warnung zeigt, wie zur damaligen Zeit eine fürsorglich-aufklärerische Obrigkeit in der tiefen Unwissenheit des Volkes die »Quelle … aller moralischen Unordnungen« sah. Bemerkenswert die Art und Weise, in der die Pfarrer von der weltlichen Obrigkeit »als Lehrer des Volkes« in Anspruch genommen wurden. Das hängt auch damit zusammen, dass im Zuge der Entwicklung zur Staatskirche viele von ihnen vom König ernannt wurden.

Verschiedene Kriminal-Akten liefern die unangenehmsten Beweise, wie sehr noch der Aberglauben unter dem Landvolke herrsche, und dasselbe den Betrügereyen aller Art, vorzüglich aber der Ueberlistung sogenannter Schazgräber bloßstelle. So mußten jüngst drey Bauernfamilien im Regierungsbezirk Landshut mit einer Beschädigung von 2600 fl. ohne Hofnung eines Ersatzes, diese traurige Erfahrung bezahlen.

Sämtliche Gerichtsbehörden erhalten daher die ernstliche Weisung, die Pfarrer auf dieses große Gebrechen aufmerksam zu machen, und sie aufzufordern, daß sie als Lehrer des Volks ihre Pflichten erfüllen, sohin demselben den nöthigen Unterricht geben, um jene tiefe Unwissenheit, welche die Quelle des schändlichsten Aberglaubens, und aller moralischen Unordnungen ist, endlich aufzuheben, und dem Volke reine Begriffe über die wichtigsten Gegenstände seines Wirkungskreises beyzubringen.

München den 3ten September 1802.

Churfürstliche General-Landesdirektion.
Freyherr von Weichs, Präsident.
Rainprechter, Sekretär.

(Bekanntmachung vom 3. September 1802, RBl. Sp. 649)

6.
Bekanntmachung, den Winterbiersatz betreffend
(1802)

Das Bier hat als Volksgetränk in Bayern stets eine besondere Rolle gespielt und der Bierpreis war deshalb immer auch ein Politikum. Die Vorschrift bemüht sich um einen Ausgleich zwischen den Interessen der »bräuenden Individuen« und denen der Biertrinker. Im vorliegenden Fall hatte ein Vorstoß der Brauer Erfolg; die Bierpreise wurden wegen der hohen Rohstoffkosten um einen Pfennig erhöht.

Pfenningvergeltliches Bier würden sich auch heute sicher viele wünschen. Das Wort »pfenningvergeltlich« ist allerdings ganz aus der Übung gekommen. Man hört zwar noch hin und wieder den Ausdruck »pfenninggut« – aber von »markvergeltlich« spricht niemand. Ein Zeichen dafür, dass unsere Sprache glatter, aber auch blasser geworden ist.

Man hat zwar schon den 10ten September dieses Jahrs einen provisorischen Satz für das dießjährige Winterbier festgesezt, allein da man mehrere seither eingelaufene Vorstellungen bey dem bestehenden hohen Preise der Bräu-Requisiten billig findet; so wird hiemit der gedachte provisorische Satz noch weiter um einen Pfenning erhöhet, so daß die Maaß Schenk- oder Winterbier ausschlüßlich des Stadtpfennings vom Ganter aus, und zwar in den den höheren Satz genießenden Orten auf 14 Pfenninge, in den übrigen aber auf 13 Pfenninge, jedoch auch nur provisorisch gesetzt wird.

Bey dieser Verfügung, welche bis zu der definitiven Regulirung des dießjährigen Biersatzes, welche sehr bald und mit Rücksichtnahme auf alle Umstände vorgenommen werden wird, sämtliche bräuende Individuen zufrieden stellen muß, erwartet man ein gutes und pfenningvergeltliches Bier, und genaue Befolgung des Satzes, worauf auch sämtliche Polizey-Obrigkeiten mit aller Strenge zu wachen haben.

München den 27sten September 1802.

Churfürstliche General-Landesdirektion.
Freyherr von Weichs, Präsident.
Rainprechter, Sekretär.

(Bekanntmachung vom 27. September 1802, RBl. Sp. 683)

7. Gesetze und Vorschriften für die Gymnasien (1803)

Bei allem Verständnis für frühere Zeiten und aller Neigung, eher zu schmunzeln als zu kritisieren – bei dieser Schulordnung hört der Spaß auf! Ihre Präambel enthält zwar die bemerkenswerte Einsicht, dass sich »auch die hoffnungsvollsten Jünglinge am Ende ihrer Studien ... allenthalben überzählig« fühlen und »einer lebenslänglichen Dürftigkeit und unverschuldeten Verzweiflung preisgegeben« werden, wenn sie anschließend keine »ehrenvolle sichere Anstellung im Staate erhalten« können. Aber schon die Vermutung, man werde im 19. Jahrhundert ungleich weniger Studierende benötigen als im 18., erscheint absonderlich. Und die Folgerung, man müsse deshalb den Zugang zu den Gymnasien erschweren und den Schulbetrieb bis in die kleinsten Details reglementieren, dürfte heute selbst bei den konservativsten Schulpolitikern keine Zustimmung mehr finden.

In den einzelnen Paragraphen wird dann der junge Mensch nicht als eigene Persönlichkeit, deren Entwicklung es zu fördern gilt, sondern als Objekt behandelt, das nur mit äußerster Strenge und ständiger Überwachung vor sittlicher und moralischer Verwahrlosung bewahrt werden kann. Zu diesem Zweck wird er unter anderem zur ungesäumten Denunziation seiner Mitschüler verpflichtet (§ 26) und bei unehrerbietigem Verhalten gegenüber seinen Lehrern oder gar dem Rektor mit der Abgabe zum Soldatenstand bedroht (§ 14).

Unangenehm berührt auch die pathetische Fürsorglichkeit, die sich in vielen Bestimmungen äußert. So etwa bei der Betrachtung über die »Würde« einer öffentlichen Schule und die »ihr in so mancher Hinsicht gebührende Verehrung« (§ 14) sowie bei der Anordnung, im Unterricht feierliche Stille und innige Teilnahme« zu beobachten (§ 15). Oder bei der Empfehlung, außerhalb der Schule anstelle eines Mantels, der nach Ansicht des Verfassers dieser merkwürdigen Regeln erstaunlicherweise die »Reinlichkeit« und den »äußeren Anstand« gefährdet, ein »gutes klassisches Buch« bei sich zu tragen (§ 18).

Dass auch die damaligen Schüler junge Menschen von Fleisch und Blut und keineswegs nur von »berufsmäßiger Lernbegierde« (§ 20) erfüllt waren, ergibt sich zumindest mittelbar daraus, welche ausdrücklichen Verbote für notwendig gehalten wurden. Da wird die Sehnsucht nach Vakanztagen und Ferien missbilligt (§ 20) und die Polizeidirektion angewiesen, die Schüler aus »Wein- und Bierschänken, Bräu- und Kaffeehäusern« wie auch aus »Spielplätzen, Tanzböden und Maskenbällen«, ja sogar aus öffentlichen Gärten wegzuführen (§ 23). Des Weiteren wird den Jünglingen auferlegt, »wenn die Nacht beginnt, immer schon zu Hause zu sein« (ebenda), »Stutzerei und Modengetändel« als undeutsch zu unterlassen (§ 32), auf öffentlichen Straßen nicht zu jauchzen, zu lärmen, zu pfeifen, zu schreien und zu rumoren (§ 33) und sich roher, grober Ausdrücke, sogenannter Spitznamen und bitterer Spötteleien gänzlich zu enthalten (§ 30). Einfache Spötteleien waren also anscheinend zugelassen! Hingegen war selbstverständlich der unanständige »Umgang mit Frauenspersonen« oder »rohen, ungesitteten Burschen« ohne jede Einschränkung verpönt (§ 26). Was das äußere Erscheinungsbild der Studierenden angeht, waren nicht nur Brutus- und Titus-Köpfe oder Ohrgehänge – das alles gab es also damals schon – sondern bereits »entblößte Hälse« und Knotenstöcke anstößig (§ 32).

Ein Passus bleibt am Ende noch zu erwähnen, weil er auf die Vergrößerung des bayerischen Staatsgebietes im Zuge des sog. Reichsdeputationshauptschlusses vom Februar 1803 Bezug nimmt. Bayern wurden damals unter anderem die Hochstifte Würzburg und Bamberg sowie mehrere fränkische Reichsstädte zugesprochen. Im Vorgriff darauf waren diese Gebiete schon 1802 von bayerischen Truppen besetzt worden. Im § 31 heißt es, dass »wir Bayern unlängst in Franken reiner sprechende Landesbrüder (von Landesschwestern ist nicht die Rede) erhalten haben«. Gerade deshalb wird den

Schülern aufgetragen, sich »ohne lächerliche Affektion« eine möglichst reine Mundart anzugewöhnen. Die Franken wird dieses Urteil über ihre Sprache freuen. Auch sonst wird man dagegen nichts sagen können. Denn wenn auch »rein«, soll es doch immer noch eine Mundart sein, derer sich die Studenten zu befleißigen haben.

Wer bey der gegenwärtigen allgemeinen Aenderung der Dinge die Bedürfnisse des Vaterlandes für die dermaligen Zeitumstände mit jenen des jüngstverflossenen Jahrhunderts vergleicht, muß es bis zur Ueberzeugung einsehen, daß künftig ungleich weniger Zöglinge in die Gymnasien zur gelehrten Erziehung aufgenommen, und aus den wirklich daselbst Studierenden nur die von untadelhaften Sitten, besonderen Geistesgaben, und standhaftem Fleiße zum Uebergange in die Lyceen begutachtet werden dürfen, außer man wollte es mit unverantwortlicher Gleichgültigkeit darauf ankommen lassen, daß auch die hofnungsvollesten Jünglinge am Ende ihrer Studien nach so vielem Aufwande von Zeit und Vermögen, sich, ihren Verwandten, und dem Vaterlande zur Last, und allenthalben überzählig, einer lebenslänglichen Dürftigkeit und unverschuldeten Verzweiflung preisgegeben würden, statt alsdenn die so lange gewünschten Früchte ihrer vieljährigen Bemühungen endlich einärndten, und ehrenvolle sichere Anstellungen im Staate erhalten zu können.

Von dieser Hinsicht geleitet, und auch durch die bekannte Erfahrung überzeugt, daß studierende Jünglinge schwerlich mehr in den gemeinen Bürgerstand zurück zu treten sich entschließen, und, im Falle man sie dazu zwingt, daselbst insgemein nur träge und beynahe ganz unnütze Staatsglieder werden, hält sich das churfürstliche General-Schul- und Studien-Direktorium verbunden, und genöthigt, folgende Gesetze und Vorschriften für alle vaterländischen Gymnasien zur unabänderlichen Befolgung zu erlassen.

§. 14.

Jeder Schüler erscheine jedesmal gut vorbereitet, reinlich gekleidet und besonders am Morgen ordentlich gewaschen, und gekämmt, frühzeitig, und mit Anstand auf seiner Schule, verwechsle den ihm daselbst angewiesenen Platz ohne ausdrückliche Erlaubniß seiner Professoren niemals, und erweise diesen, so wie allen seinen Schulobern, allenthalben die vollkommenste Hochachtung, und den bereitwilligsten pünktlichsten Gehorsam. Wer einem öffentlichen Lehrer, Rektor, oder Lokal-Studien-Kommissär unehrerbietig, oder grob begegnet, ist ohne Rücksicht zu exkludiren, oder nach Verhältniß der Sache zum Soldatenstande abzugeben.

Wer sich auf der Schule, besonders während des Unterrichtes, kindisch und unruhig beträgt, macht sich eines strafbaren Leichtsinnes schuldig, und hat über die Würde einer öffentl. Schule und über die ihr in so mancher Hinsicht gebührende Verehrung wohl noch nie reifer nachgedacht. Um dergleichen unruhige muthwillige Knaben von ihren würdigeren Mitschülern zu unterscheiden, und sie den Lokal-Studien-Kommissärn und Rektorn, wenn diese die Schulen besuchen, ohne Zeitverlust sogleich beym ersten Anblicke kennbar zu machen, sollen, besonders in den untersten zwey Klassen, eine oder zwey abgesonderte Strafbänke herbeygeschaft werden, wohin die Strafbaren auf eine bestimmte Zeit oder bis zur hinlänglichen Besserung zu weisen sind.

§. 15.

Während der Schulzeit soll nur der Lehrer, oder der zum Antworten, oder Erklären aufgerufene Schüler gehört, von allen übrigen aber eine feyerliche Stille, allgemeine Aufmerksamkeit, und innige Theilnahme beobachtet werden. Wer seine Mitschüler muthwillig stört, oder sich daselbst mit andern Dingen, als mit dem Vortrage des Lehrers beschäftigt, äußert gegen denselben eine offenbare Geringschätzung, und entehrt die Schule, und selbst den Namen seines Standes.

§. 16.

Ohne dringende Noth während der Lehrstunden aus der Schule laufen, verräth, daß man daselbst Langeweile fühlt, und nichts zu lernen verlangt.

§. 18.

Mäntel, Hüte und Mützen müssen in der Schule, damit der gegenwärtige Professor jeden Schüler ungehindert sehen, und genauer beobachten kann, abgelegt, und an Nägelrahmen aufgehängt werden.

Außer der Schule Mäntel zu tragen, die rauhen Wintertage, oder eine ungewöhnlich schlimme Witterung ausgenommen, ist den Studenten, zur Beförderung der so nützlichen Reinlichkeit, und des äußerlichen Anstandes, nicht mehr erlaubt. Soll ein Studierender nebst einem berufsmäßigen, feinern Umgange, sittlichen Wandel, und reinern Mundart noch ein anderes Kennzeichen an sich haben, so trage er ein gutes klaßisches Buch bey sich, um allenfalls auch jedes Theilchen Muße nützlicher, als mit maschinenartiger Gedankenlosigkeit ausfüllen zu können.

§. 20.

Zu viele Sehnsucht nach Vakanztagen, und Ferien verträgt sich mit dem Namen, und der berufsmäßigen Lernbegierde eines Studierenden eben so wenig, als Unthätigkeit, oder Müßiggang. Künftig bleiben also die gymnastischen Schulen zu Weihnachten nur mehr am Nachmittage des heiligen Abends bis ausschlüßig zum Johannestage verschloßen, im Karnevale nur die drey letzten Tage, zur Osterzeit vom Nachmittage der Char-Mittwoche bis ausschlüßig zum Osterdiensttage, und so auch nur am Pfingst-Sonn- und Mondtage.

§. 21.

Außer den gesezmäßigen sogenannten Vakanztagen, nämlich am Dienstage Nachmittags, und an Donnerstagen, sind keine weitern mehr einzuführen. Aber auch jene gesezmäßig bewilligten sind zu nichts weniger, als zum Nichtsthun und Müßiggehen, sondern theils zur fleißigen Ausarbeitung häuslicher Aufgaben, zur Wiederholung des bereits Erlernten, Vorbereitung für nächstkünftige Schulen, theils zur Erlernung ausländischer Sprachen, besonders der französischen bestimmt. Lehrbegierigen, guten Jünglingen ist jede Lebensstunde schäzbar, stete Abwechslung ihrer Berufsgeschäfte angenehm, und nur der Müßiggang verhaßt und unerträglich. Sogar ihre Spaziergänge wissen sie gehörig zu benützen, indem sie sich dabey in ihren naturhistorischen Kenntnissen durch Pflanzen, Mineralien- und Insekten-Sammeln stets mehr vervollkommnen, oder bey erfahrnen Gärtnern einigen Unterricht in der schönen Blumenkultur, oder in der für unser Vaterland so nothwenigen Obst-Baumzucht zu erhalten suchen.

§. 22.

Um auch während der Herbstferien dem freywilligen Fleiße der bessern Schüler die gehörige Richtung, und eine nüzliche Gelegenheit zu angemessenen praktischen Uebungen zu verschaffen, die Trägen aber vor heillosem Müßiggange, und dessen verderblichen Folgen zu retten, wird künftig jeder Professor aus den im Verlaufe des Schuljahres erklärten Lehrgegenständen am Ende desselben seinen Schülern einige Aufgaben zu schriftlichen Stylübungen in die Vakanz mitgeben. Die Ausarbeitungen werden sodann am Eingange des nächsten Schuljahres gleich bey den Inscriptionen dem Gymnasiums-Rektor eingehändigt, der sie jedesmal nach ihren Gegenständen den Professoren zur Beurteilung übergiebt, und das Resultat davon in die Berechnung des neuen Schuljahres bringen läßt. Die ehemaligen Schüler der 5ten Klasse überreichen ihre Herbstarbeiten dem Lyceums-Rektor.

Auch zu gut gewählten Gedächtnisübungen mögen lernbegierige Jünglinge die Herbstferien nützen, und auch hiezu von ihren Lehrern passende Aufgaben erhalten.

So sollen z.B. die Schüler der 4ten Klasse zum Uebergange in die 5te während dieser Zeit die in so mancher Hinsicht sehr interessante Epistel des römischen Dichters Horaz an die Pisonen: Humano capiti etc. auswendig lernen, und dann dem Professor der lateinischen Litteratur sogleich in den ersten Tagen des neuen Schuljahres davon Beweise ablegen, welche ebenfalls in der allgemeinen Berechnung ihres Fleißes für das neu angefangene Studienjahr anzumerken sind.

§. 23.

Wein- und Bierschenken, Bräu- und Kaffeehäuser, wie auch öffentliche Gärten, Spielplätze, Tanzböden und Maskenbälle (Redouten) zu besuchen, oder daselbst Tanz- oder Lyranten-Musik aufzuspielen, ist allen Schülern der Gymnasien ohne Ausnahme verbothen; und die churfürstliche Polizei-Direktion hat volle Macht, die dagegen Handelnden aus solchen Orten wegzuführen. Lernbegierige, Tugend und Ordnung liebende Jünglinge sollen, wenn die Nacht beginnt, immer schon zu Hause seyn, und die Abende zur Wiederholung des bereits Erlernten, oder zur Vorbereitung für den nächsten Schultag, oder zur nüzlichen Lektüre verwenden. Sich von den Kost- oder Hausleuten zum längeren Ausbleiben Hausschlüßel ausbedingen, ist allgemein verbothen, und wer ohne Vorwissen und Erlaubniß seines Hausvaters, und ohne anständige dringende Ursache eine Nacht außer seiner gewöhnlichen Wohnung zubringt, mit der Exklusion zu bestrafen.

§. 25.

Wessen Moralität schon so tief gesunken ist, daß er keine Bedenken trägt, studierenden Jünglingen, bey dem gegenwärtigen Ueberfluße guter, erbaulicher Lesebücher, unsittliche Schriften, oder verführerische Zeichnungen in die Hände zu spielen, der wird von dem churfürstlichen General-Schul- und Studien-Direktorium als ein offenbarer Jugendverführer nach Verhältniß der Sache gerichtlich belangt, und wenn er selbst ein Student ist, entlassen, oder gar exkludiert.

§. 26.

Jeder rechtschaffene Jüngling, der das sittliche Wohl seiner Mitmenschen gehörig zu schätzen weiß, und möglichst zu fördern wünscht, wird auch die heimlichen Verirrungen seiner Mitschüler gegen die Versicherung, daß sein Name immer verschwiegen bleibt, frühzeitig einem Professor, oder dem Gymnasiums-Rektor anzeigen. Wer also in Erfahrung gebracht hat, daß ein Mitstudierender unsittliche Bücher liest, oder ausleiht, einen unanständigen Umgang mit Frauenspersonen oder rohen ungesitteten Burschen unterhält, ärgerliche Reden im Munde führt, böse Beyspiele giebt, in seinem Kreise Schamlosigkeit verbreitet, und die jugendlichen schönen Gefühle von Tugend und Unschuld zerstöret, kurz, wer in Fällen schweigt, wo er das Wohl eines Mitschülers, die Ehre seines Standes, und den guten Ruf des Gymnasiums hätte retten können, ist in der Folge selbst für einen Theilnehmer, oder strafbaren Verheimlicher anzusehen.

§. 27.

Alle Glücksspiele um Geld sind ihrer leidigen Folge wegen ohne Ausnahme verbothen. Ueberhaupt aber sollen Studierende, welche bey ihren Berufsarbeiten, besonders in den untern Schulen, viel sitzen müssen, jede nothwendige Erholung mit gesunden Körperbewegungen, wie z. B. bey Ball und Ballonspielen, Eisschießen und Schlittschuhlaufen an gefahrlosen Orten u. dgl. möglichst zu verbinden suchen. Doch sind denselben zu solchen Erholungen nach Verschiedenheit der Jahreszeiten von dem Gymnasiums-Rektor immer nur einige Abendstunden zu bewilligen.

§. 30.

Um es in dieser, besonders bey der heutigen verfeinerten Welt, so wirksamen Eigenschaft frühzeitig zur gehörigen Fertigkeit zu bringen, sollen alle Studierende, selbst Mitschüler, und Zimmerkameraden, auch unter sich die Regeln der Urbanität, des Wohlstandes, und feinern Umganges, jedoch ohne kleinstädtische Steifheit, immer genau beobachten, und sich mit allmöglicher Behutsamkeit von rohen, groben Ausdrücken, sogenannten Spitznamen und bittern Spötteleyen gänzlich enthalten.

§. 31.

Da in unserm Vaterlande nun schon seit 30 Jahren sogar die Schüler der Realklasse und Bürgerschulen ihre teutsche Muttersprache rein u. fehlerfrey zu schreiben geübt werden, so sieht man fürwahr nicht ein, aus welchem Grunde es den Studierenden erlaubt seyn könnte, unrichtig und pöbelhaft sprechen zu dürfen, oder warum sie bey zunehmenden Jahren und Studien ihre Landessprache nicht eben so rein und gut, wie andere gebildete Teutsche, reden sollten.

In dieser Hinsicht, u. besonders nun, da wir Baiern unlängst in Franken reiner sprechende Landesbrüder erhalten haben, trägt das churf. General-Schul- u. Studien-Direktorium allen Schülern der vaterl. Gymnasien ernstlich auf, sich in ihrem täglichen Umgange, u. vorzüglich auf den Schulen, jedoch ohne lächerliche Affektation, eine möglichst reine Mundart anzugewöhnen. Auch auf diese allmählige Vervollkommnung werden die Professoren in ihren jährl. Fortgangs-Berechnungen gehörige Rücksicht nehmen, und die Gymnasien-Rektoren bey Gelegenheit u. Muße eigene Deklamations-Uebungen veranstalten, wo unter ihrem Vorsitze, und in Gegenwart einiger Jugendfreunde und Mitschüler fleißige Jünglinge zur Bildung ihres Organs entweder gutgewählte klaßische Muster, oder eigene Versuche ablesen, oder auch im Dialogiren geübt werden mögen.

§. 32.

Stutzerey und Modengetändel soll jeder teutsche Jüngling, der auf eine wesentlichere Bildung, und einen bessern, solidern Geschmack Anspruch zu machen hat, frühzeitig verachten lernen, und sich nicht ohne Noth zum Sklaven lebensl. lästiger Bedürfnisse herabwürdigen. Durch Simplizität, Reinlichkeit und Modestie im äußerlichen Anzuge, Haarzuschnitte, u. dgl. empfiehlt sich überhaupt die Jugend bey der bessern Welt ungleich vortheilhafter, als durch eitel glänzenden Flitter und erkünstelten bunten Kleiderprunk; besonders aber trauet der vernünftigere Beobachter studierenden Jünglingen, die mit Brutus- u. Titus-Köpfen, Ohrengehängen, verunstaltenden Mundbinden, oder entblößten Hälsen, Tobaks-Dosen und Pfeifen, Knotenstöcken, u. dgl. sich brüsten, nie einen gebildeten Geist, reifen Verstand, richtigen Geschmack, und sanfte liebenswürdige Gemüthsart zu.

§. 33.

Auf öffentl. Straßen und gemeinsamen Spaziergängen, Jauchzen, Lärmen, Pfeifen, Schreien und Rumorn sind ebenfalls sprechende Beweise von rohen Sitten, hohlen Köpfen, und einer brutalen, beleidigenden Geringschätzung des übrigen daselbst wandelnden Publikums. Wer renommistische Schwärmereyen, die dem sanften Karakter der schönen Künste und Wissenschaften so sehr widersprechen, sich zu Schuld kommen läßt, besonders jeder Theilnehmer an Schlägereyen, Pasquillen, verläumderischen Schriften, überhaupt jeder Störer der öffentl. Ruhe erklärt selbst vor aller Welt, er sey seines Standes, und des ferneren Umganges mit Gebildeten unwürdig.

§. 35.

Teutsche Jünglinge sollen sich, wie ihre braven Voraltern, auch vorzüglich durch schön gewachsene, starke Körper auszeichnen. In einem geschwächten, siechen Leibe kränkelt immer auch der Geist, und wird im Verhältniße, wie dessen Kräfte schwinden, besonders zur Erlernung der Wissenschaften fast mit jedem Tage untauglicher.

Wer also dereinst ein brauchbarer Diener seines teutschen Vaterlandes zu werden, und die Freuden des Lebens lange zu genießen wünscht, hüte sich in seiner Jugend vor Weichlichkeit, Verzärtelung, Unmäßigkeit, leidenschaftlichen Aufwallungen jeder Art, erweise seinem Körper, dem erhabensten Meisterstücke der Natur, wenn ihn auch keines Menschen Auge sieht, immer jene Achtung, die dessen hoher Bestimmung und Würde gebühret, und enthalte sich von allem, was der Vollendung seines Wuchses nachtheilig ist, die Farbe der blühenden Gesundheit frühzeitig von jugendlichen Wangen wischt, und auch Jünglinge vor der Zeit alt und reif zum Grabe macht.

§. 38.

Wer einmal von einer gottesdienstlichen Verrichtung weggeblieben, oder merklich zu spät gekommen ist, soll sich nach der nächstfolgenden Schule beym Gymnasiums-Rektor hierüber entschuldigen.

Wer aber drey Gottesdienste aus erweislicher Nachläßigkeit versäumte, oder sechsmal, ohne sich darüber am gehörigen Orte entschuldiget zu haben, merklich zu spät kam, hat sich, besonders, wenn auch sein übriger Wandel zweifelhaft, oder sein Fortgang nur mittelmäßig ist, zur Dimißion reif gemacht.

§. 39.

Während einer gottesdienstlichen Verrichtung, die Beicht, und heilige Kommunion ausgenommen, in was immer für einem Buche zu lesen, ist bey schwerer Ahndung gänzlich untersagt, indem das churfürstliche General-Schul- und Studien-Direktorium die Anstalt getroffen hat, daß jedesmal theils von einem Professor passende Gebether und Betrachtungen vorgelesen, theils von der sämtlichen Gemeinde erbauliche Kirchenlieder abgesungen werden sollen.

§. 41.

Da über die Befolgung aller dieser Gesetze und Vorschriften laut eines unterm 19ten November 1802 ertheilten gnädigsten Befehles sich jedesmal am Ende eines Monates der Gymnasiums-Rektor und sämtliche Professoren unter dem Vorsitze der churfürstlichen Lokal-Schul-Kommission zu sogenannten Schulkonferenzen versammeln werden, so wird man auch dahin diejenigen Schüler, welche sich zur besondern Zufriedenheit aller Obern sowohl in wissenschaftlich- als moralischer Bildung rühmlich ausgezeichnet, zur stufenweisen feyerlichen Belobung; jene Jünglinge aber, welche durch Faulheit, rohe Sitten, oder durch eine gesetzwidrige Handlung Anlaß zu einer gerechten Klage gegeben haben, nach Verhältniß der Sache zur nachdrücklichen letzten Warnung, oder zur gänzlichen Entlassung vorrufen, und hierüber zum bleibenden Denkmale ein förmliches Protokoll zu den Schulakten hinterlegen.

§. 42.

Um endlich jeder Ausrede, oder Entschuldigung von Nichtgewußthaben für immer vorzubeugen, sollen diese Gesetze und Vorschriften am Eingange jedes Semesters in Gegenwart der churfürstlichen Lokal-Schul-Kommission, und des Rektors in allen gymnastischen Schulen deutlich vorgelesen, und auch zum öffentlichen Drucke befördert werden.

München den 1sten Jänner 1803

Von
Churbaier. General-Schul- und Studien-
Direktoriums wegen.
Freyherr von Fraunberg,
der Schulen- und Studien-General-Direktor.
Schmidt, Sekret.

(Auszug aus dem Gesetz vom 1. Januar 1803, RBl. Sp. 683)

8.
Missbräuche bei Leichen auf dem Lande
(1803)

Einmal mehr unternimmt es die Obrigkeit, einem – wenig appetitlichen – Missstand zu steuern und hierfür wiederum die Pfarrer in Anspruch zu nehmen. Die Wendung, dass das Volk »ihrem Unterricht anvertraut« sei, besagt einiges darüber, wie man damals das Verhältnis zwischen den Pfarrern und den Gläubigen angesehen hat.

Dass der Staat den Geistlichen solche Aufträge geben konnte, war anscheinend selbstverständlich (vgl. dazu auch Text Nr. 5).

In vielen Gegenden Baierns herrscht noch auf dem Lande die Gewohnheit, daß sich die Verwandten, Nachbarn und Bekannten oft bis 20 Personen in dem Hause eines Verstorbenen einfinden, und da bis zur Begräbniß bey der Leiche in dem meistens sehr engen, und niedrigen Wohn- und Speisezimmer einen Rosenkranz nach dem andern abwechslungsweise bethen, wie nicht minder, daß man an einigen Orten den Körper des Verstorbenen mit einem weißen Tuche bedecke, auf selbes bis zur geeigneten Gährung die geknetete Mehlmasse lege, selbe sonach aus der Pfanne zu sogenannten Kücheln backe, und diese an die Gäste vertheile.

Wie eckelhaft und selbst der Gesundheit nachtheilig solche Mißbräuche sind, besonders wenn die Verstorbenen mit ansteckenden Krankheiten behaftet waren, bedarf keiner Erinnerung.

Es ergeht demnach an alle landgerichtische ständische, und andere Obrigkeiten der ernstgemessenste Befehl, diese Gewohnheiten allenthalben, wo sie sich vorfinden, auf der Stelle abzuschaffen, und den Pfarrern aufzutragen, daß sie in ihren Predigten und Christenlehren, das ihrem Unterrichte anvertraute Volk auf diese Mißbräuche aufmerksam machen, und selbem die äusserst schädlichen Folgen davon mit allem Nachdrucke vor Augen halten sollen.

München den 7ten July 1803.

Churfürstliche General-Landesdirektion.
Freyherr von Weichs, Präsident.
Schmidt, Sekretär.

(Bekanntmachung vom 7. Juli 1803, RBl. Sp. 467)

9.
Eigenmächtige Entfernung der Beamten
(1804)

Der eifrige Herr von Weichs rügt hier einen weiteren »Unfug«, den sich erneut die Beamten zuschulden kommen lassen.

Nachdem er ihnen 1 1/2 Jahre zuvor verboten hatte, die Gerichtsdiener für ihre privaten Zwecke in Anspruch zu nehmen (siehe Text Nr. 4), will er sie nun aus der Haupt- und Residenzstadt vertreiben – zumindest die, die sich dort ohne Befugnis aufhalten. Ein Anzeichen dafür, wie attraktiv München schon damals war.

Dass Beamte unter allerlei Vorwänden überflüssige Reisen unternehmen, soll auch heute noch vorkommen.

Man muß bey unterzeichneter Stelle in öftern Gelegenheiten unlieb vernehmen, daß die churfürstlichen Beamte, und andere den Aemtern auf dem Lande gewidmeten Personen die ihnen angewiesenen Aemter und Dienst-Stellen ohne dießseitigem Vorwissen und Bewilligung verlassen, und sich mehrere Tage oder Wochen lange in hiesiger Haupt- und Residenzstadt unter mancherley Vorwand aufhalten. Da man nun gegen diesen dem höchsten Dienste so nachtheiligen Unfug schon vorlängst die geeigneten Befehle ertheilt hat; so hat man erst unter heutigem der hiesig churfürstlichen Polizey-Direktion den wiederholten Auftrag gegeben, die auf diese unerlaubte Amtsentfernungen gesezte Strafe ohne Nachsicht von den Uebertretern zu erholen, und zu derselben Rückkehr an ihre Aemter und Dienstesstellen die geeigneten Maaßregeln zu gebrauchen. Man hat zugleich der hiesigen churfürstlichen Polizei-Direktion aufgetragen, zu diesem Ende auf die sich hier aufhaltende Beamte, und derley Amtspersonal sonderbar genaue Aufsicht zu bestellen, von ihnen die dießseitigen Erlaubscheine zu erfordern, und auf dem Falle keine solche vorgezeigt werden können, oder die Zeit der Erlaubniß verstrichen wäre, die Uebertreter nach vorgenommener Strafe und geschehener Zurückweisung namentlich anher anzuzeigen. Worüber sich nun sämtliche churfürstliche Beamte, Aktuarien, Amtsschreiber und andere bey den churfürstlichen Aemtern verpflichtete Personen zu gewahren, und bey erforderlichen Reisebewilligungen sich nach den bestehenden Verordnungen gehorsamst zu achten haben.

München den 21ten Jänner 1804

Churfürstliche Landesdirektion von Baiern.
Freyherr von Weichs, Präsident.
Eisenrieth, Sekretär.

(Bekanntmachung vom 21. Januar 1804, RBl. Sp. 107)

10. Überweisung liederlicher Menschen zum Militär (1804)

Diese Verordnung hat es in mehrfacher Hinsicht in sich.

Da heißt es zunächst einmal, dass es sich mit dem Ansehen des Militärs nicht länger verträgt, wenn Gerichte »liederliche« Menschen dorthin zum Dienst überweisen und sich damit der Zugehörigkeit zum Militär als Straf- und Besserungsmittel bedienen. Das verbiete sich jedenfalls für einen »wohl eingerichteten Staat«, auch mit Rücksicht auf das Ehrgefühl der Militärpersonen. Zugleich wird als Aufgabe des Militärs sowohl der Schutz der äußeren wie auch der inneren Sicherheit des Staates genannt. Das klingt für unsere Ohren teils selbstverständlich, teils akzeptabel, auch wenn das Grundgesetz heute den Einsatz der Streitkräfte im Inneren von sehr strengen Voraussetzungen abhängig macht.

Erstaunlich ist hingegen, dass nach der Verordnung die »Ausschweifungen und Vergehen« von »Trunkenbolden, unsittlichen Menschen und unordentlichen Hausvätern« zu Beginn des letzten Jahrhunderts »im gemeinen Leben eben nicht als der Ehre nachteilig betrachtet« wurden. Vielleicht lag dem aber auch die Absicht zugrunde, zwischen der gemeinen und der militärischen Ehre einen Unterschied zu machen und die letztere als die höherwertige erscheinen zu lassen. Diese Unterscheidung gab es ja noch bis in unser Jahrhundert.

Bemerkenswert ist aber auch, dass mit dieser Verordnung die Bestimmung der Gymnasialordnung vom Januar 1803 (Text Nr. 7), derzufolge unbotmäßige Schüler zum Soldatenstand abgegeben werden konnten, bereits rund ein Jahr später wieder außer Kraft gesetzt wurde. Die Rechtssetzung konnte also auch damals schon recht kurzatmig sein. Oder die eine Stelle wusste nichts von den Absichten der anderen. Aber das kommt ja auch jetzt immer wieder einmal vor – selbst im Freistaat Bayern, den seine Staatsregierung sicherlich für besonders »wohl eingerichtet« hält.

Es haben zwar Seine Churfürstliche Durchlaucht etc. das Gesetz Dero höchsten Regierungsvorfahrers, daß keine Verbrecher zum Militärdienst verurtheilet werden sollen, in seinem ganzen Umfange bestättiget, es ist aber doch aus einzelnen Vorfällen zur höchsten Kenntniß gekommen, daß von einigen Gerichts-Obrigkeiten noch immer geglaubt werde, dieses Verboth auf Trunkenbolde, unsittliche Menschen, und unordentliche Hausväter nicht ausdehnen zu dürfen, sondern fortfahren, ihre Abgabe zu dem Militärdienste als ein schickliches Zucht- und Besserungsmittel anzusehen.

Obgleich nun dergleichen Ausschweifungen und Vergehen im gemeinen Leben eben nicht als der Ehre nachtheilig betrachtet werden, so verträgt es sich gleichwohl nicht mit dem Ansehen, welches der Militärdienst in einem wohl eingerichteten Staate nach seiner Bestimmung, (die innere und äußere Sicherheit desselben zu schützen,) und nach den Aufopferungen, die ihm diese Bestimmung auferlegt, behaupten muß, daß man sich dieses Standes als eines Straf- und Züchtigungsmittels in irgend einem Falle bediene;

es muß vielmehr ein solcher Mißbrauch der Militärpflichtigkeit in den Augen aller Unterthanen, die ihr unterworfen sind, heruntersetzen, und nachtheilig auf das im Militärstande so nothwendige Ehrgefühl zurückwirken.

Höchstdieselben verordnen daher, gemäß anher erfolgt höchster Entschließung vom 28sten Jänner abhin, daß künftig keine Abgabe zum Militär, welche irgend eine Bestrafung oder Züchtigung zum Zwecke hat, in Höchstdero Staaten mehr statt finden könne. Diese höchste Entschließung wird daher allen Gerichtsstellen und Gerichtsobrigkeiten mit dem Anhange bekannt gemacht, daß sie andere, der bürgerlichen Polizeygewalt nach den Gesetzen anvertraute zweckmäßigere Mittel gegen die Störer der häuslichen und bürgerlichen Ruhe und Ordnung in Anwendung zu bringen haben.

(Bekanntmachung vom 15. Februar 1804, RBl. Sp. 161)

11.
Büchertrödler auf dem Lande
(1804)

Es wird sich nicht mehr ohne weiteres feststellen lassen, was in den ausländischen Schul- und Volksschriften zu lesen war, die da von »herumschleichenden« Büchertrödlern in Menge unter das Volk gebracht wurden. Ausland konnte damals ja schon Württemberg oder Hessen und bis 1803 sogar Augsburg und Nürnberg sein. Außerdem fragt man sich, wie es denn um die entsprechenden »inländischen« Schriften stand.

Vertraut klingt jedoch, dass die oberste Behörde den mangelnden Vollzugseifer der nachgeordneten Behörden beklagt und Kritik an den von ihr erlassenen Vorschriften zurückweist. Das geschieht heute nicht anders als vor 200 Jahren. Auch die Anordnung, in regelmäßigen Abständen über den Vollzug zu berichten, ist keineswegs aus der Übung gekommen.

Interessant wäre noch zu erfahren, wie die besseren Schriften aussahen, die aufgrund der Anstrengungen der Obrigkeit »zum Vorschein gekommen« sind, und nach welchen Kriterien die örtlichen Polizeivorstände diese Schriften beurteilten.

Es ist offiziell angezeigt worden, daß Büchertrödler, welche auf dem Lande herumschleichen, schlechte ausländische Schul- und abergläubische Volksschriften in Menge unter dem Volke verbreiten.

Die allgemeinen Hausier-Verbothe, und das Edikt über die Freiheit des Buchhandels vom 13ten Junius vorigen Jahres haben alles erschöpft, was über diesen Gegenstand zweckmäßig verordnet werden konnte; – sohin sind Erscheinungen jeder Art lediglich dem Mangel der Exekution zuzurechnen.

Die churfürstliche Landesdirektion von Baiern verspricht sich von dem Eifer und den Einsichten der neu-angestellt- oder bestätigten Polizey Vorstände unausgesetzte Anwendung aller verordnungsmäßigen Maaßregeln, welche gegen Hausierer in Konfiskation der Waaren bestehen, gegen Buchhändler aber, und Krämer auf Messen und Märkten in den Paragraphen 1. 2. 3. lit. g. und §. 8. bestimmt sind.

Zugleich erhalten sie hiemit den Befehl, sich halbjährig hieher zu legitimieren, wie sie ihre Aufsicht über diesen wichtigen Zweig der Polizey gepflogen, welche schädliche Volksschriften, Bilder, Lieder, Kalender sie vorgefunden, und in Beschlag genommen haben, und welche bessere Schriften im Gegentheile zum Vorschein gekommen. Diesen Berichten sind die abgenommenen Exemplarien beyzulegen.

München den 14ten März 1804.

Churfürstliche Landesdirektion von Baiern.
Freyherr von Weichs, Präsident
Rainprechter, Sekretär

(Bekanntmachung vom 14. März 1804, RBl. Sp. 271)

12.
Das sittliche Betragen der Akademiker
(1804)

Schon wieder kümmert man sich um das sittliche Betragen heranwachsender Akademiker und zwar diesmal um die Studenten der Ludwig-Maximilians-Universität in Landshut, die bekanntlich erst 1826 nach München verlegt wurde. Auch hier kommen uns die meisten Regelungen aus heutiger Sicht reichlich antiquiert vor. Dennoch erscheinen sie milder und auch im Ton umgänglicher als die der wenig älteren Gymnasialordnung (Text Nr. 7). Manches ist sogar erstaunlich liberal. So wird im § 1 nur gefordert, sich keiner *gröberen* Verstöße gegen die Sittengesetze schuldig zu machen. Einfache Verstöße werden demnach offenbar hingenommen. Das geht auch aus § 11 hervor, der ebenfalls nur von groben Vergehen gegen die Gesetze der Sittlichkeit spricht. Am Ende will man sogar nur »unerlaubte Ausschweifungen mit dem anderen Geschlecht« mit Strafe belegt wissen. Gab es also nach Ansicht der Verfasser auch erlaubte Ausschweifungen? Fast könnte man meinen, hier habe sich jemand über das eigene Reglement lustig machen wollen!

Akademische Gesetze
an der churfürstlich-baierischen
Ludwig-Maximilians-Universität zu Landshut.

VI. Titel

1. §. *Da die Akademiker unter die gebildete Klasse von Menschen gehören, und zu künftigen Führern und Lehrern des Volkes bestimmt sind; so kann man auch mit Recht von ihnen fordern, daß sie sich nicht nur keiner gröberen Vergehungen gegen die Sittengesetze schuldig machen, sondern auch, daß sie sich durch ein ihrem Stande gemäßes Betragen auszeichnen.*

2. §. *Insbesondere, daß ihre Kleidung anständig,*
3. §. *ihr Benehmen gegen Jedermann höflich sey;*
4. §. *daß sie an den in der akademischen Kirche angeordneten religiösen Uebungen, und Sitten-Vorträgen, nicht nur nach eigener Pflicht-Ueberzeugung Theil nehmen, sondern auch andern durch ihr Betragen zum Muster werden.*
5. §. *Sie sollen Gelegenheiten, und Orte, wo Verwicklung in verdrüßliche Händel wahrscheinlich ist, meiden;*
6. §. *sich alles Umganges mit rohen, unsittlichen, und verdächtigen Menschen enthalten;*
7. §. *Zeit und Geld nicht in Trink- und Spielhäusern, besonders durch die ohnehin allgemein verbothene Hazardspiele, durch kostbare, und häufige Vergnügungen versplittern.*
8. §. *Jeder Professor hat den Auftrag, wenn er dergleichen Ausschweifungen von einem seiner Zuhörer vernimmt, ihn durch väterliche Ermahnung zurecht zu weisen.*
9. §. *Insbesondere liegt es dem Rektor, und dem akademischen Senate ob, über das sittliche Betragen der Akademiker zu wachen, die Fehlenden zuerst einzeln, dann auch vor dem versammelten Senate zurecht zu weisen, und bey fortgesezten Vergehungen mit verhältnismäßigen Strafen zu belegen;*
10. §. *Subjekte, bey welchen diese Besserungsmittel ohne Wirkung angewendet worden sind, sollen von der Universität entlassen werden.*
11. §. *Grobe Vergehungen gegen die Gesetze der Sittlichkeit; – Reden, oder Handlungen, welche beleidigend für den öffentlichen Religionskultus sind; – öffentliche Zänkereyen und Raufereyen; – öffentliche oder heimliche Duelle; Verletzungen der gebührenden Achtung gegen öffentliche Personen, unerlaubte Ausschweifungen mit dem anderen Geschlechte sind ohne weiteres mit den im X. Titel bestimmten Strafen zu belegen.*

(Auszug aus dem Gesetz vom 26. Januar 1804, RBl. Sp. 495)

13.
Verordnung über Dachrinnen
(1804)

Da sage noch einer, die kurfürstliche Regierung habe sich nicht um das Wohlergehen ihrer Bürgerinnen und Bürger gekümmert! Vielleicht war aber Ursache dieser Vorschrift auch nur, dass ein Angehöriger der Landesdirektion oder sogar der Präsident selbst einmal durch eine »vorschießende« Dachrinne patschnass geworden ist. Wie dem auch sei – der Jurist wird bemerken, dass hier sowohl eine baurechtliche Bestimmung getroffen als auch das Rechtsinstitut der Ersatzvornahme normiert worden ist. Fragen könnte man sich allerdings, ob sich das Wort »ihre« vor dem Wort »Kosten« im 4. Absatz auf die Säumigen oder auf die Polizeibehörde bezieht. Nach den grammatischen Regeln bezöge sich das »ihre« heute auf die Polizeibehörde. Aber damals hat man ja auch unter einem »Polizeigebrechen« (2. Absatz) etwas anderes verstanden als heute. Und auf den Gedanken, die Polizei müsse Regenrinnen bezahlen, wäre wohl früher nicht einmal ein besonders spitzfindiger Advokat gekommen.

In verschiedenen Städten und Märkten Baierns herrschet noch der Unfug, das Regenwasser von den Dächern in vorschießenden Rinnen auf die Strassen abstürzen zu lassen, wodurch nicht nur das Steinpflaster leidet, sondern auch vorzüglich Fußgänger sowohl, als Reitende und Fahrende belästiget, und durchnäßet werden.

Zu Hebung dieses Polizeygebrechens wird hiemit befohlen, daß alle Dachrinnen an sämtlichen Gebäuden ohne Ausnahme mit stehenden Abzugs-Rinnen verbunden werden.

Mit den öffentlichen Gebäuden ist alsogleich der Anfang zu machen; aber auch die Privaten haben dieses längstens vor Anfang des nächsten Winters zu befolgen.

Die Säumigen hat jede Orts-Polizeybehörde verfänglich anzuhalten, und die Rinnen auf ihre Kosten ohne Rückfrage aufstellen zu lassen.

Diese Verfügung versteht sich auch auf alle Dörfer, in so weit hierin Gebäude sich finden, deren Vorschuß-Rinnen den Fuß- oder Fahrweg berühren.

Zu Ende des Termins erwartet man die Vollzugsberichte von sämtlichen Stellen mit Bemerkung derjenigen sowohl, welche in der Befolgung Beyspiele aufgestellt haben, als der fahrläßigen Individuen, um jene beloben, und diese nach Umständen bestrafen zu können.

(Verordnung vom 15. Juni 1804, RBl. Sp. 596)

14. Bierausschank an Straßenarbeiter (1804)

Wieder einmal geht es ums Bier. Diesmal um seinen Verkauf in einem System, das in der Frühzeit der Industrialisierung durchaus verbreitet war. Es bestand darin, dass die Arbeitnehmer verpflichtet wurden, ihren Lebensbedarf bei ihrem Arbeitgeber einzukaufen, der sie so von sich völlig abhängig machte und außerdem noch über die Preise seiner Waren ausbeuten konnte.

Die Vorschrift, die sich gegen eine bayerische Variante dieses Systems wendet, hat originellerweise nicht nur den Schutz der Arbeiter, sondern auch den der Gastwirte, ja sogar den der Arbeitgeber selbst im Auge; Letzteres mit der besorgten Bemerkung, dass die Arbeiter in »verzechtem« Zustand womöglich nicht mehr tüchtig genug zur Arbeit seien. Irgendwie erscheint das typisch bayerisch; jedenfalls aber tritt wieder die Fürsorglichkeit der Obrigkeit hervor.

»Übersteher« ist ein alter Ausdruck für einen Aufseher.

Mehrere Brückmeister, Palliere und Ueberstehernehmen sich die Freyheit, bey Strassen- und Wassergebäuden Bier an die Arbeiter zu verschleißen. Da hiedurch nicht nur die zur Bierschenke berechtigten Wirthe um ihr Gewerbe gebracht werden, sondern auch dem Unfuge Gelegenheit gegeben wird, daß von Brückmeistern, Pallieren und Ueberstehern nur solche Leute zu Arbeiten genommen werden, die ihren Taglohn wieder verzechen, sie mögen hernach zur Arbeit tüchtig seyn, oder nicht; so werden alle churfürstlichen Landgerichte und Rentämter in Baiern hiemit angewiesen, keinem Brückmeister, Pallier und Uebersteher den Bier- und Lebensmittelverschleiß an Arbeiter zu erlauben, oder zu gestatten, sondern ihnen denselben auf das nachdrücklichste zu verbiethen; derjenige, der sich beykommen läßt, dessen ungeachtet den Verschleiß fortzutreiben, ist das erstemal mit einer Geldstrafe zu 15 fl., und Wegnahme der Lebensmittel zu belegen, bey einer ferneren Betretung findet die Wegnahme wieder statt, es muß aber der Uebertreter dann dießorts berichtlich angezeigt werden, damit hierauf weitere Vorkehrung getroffen werden möge. Alle churfürstlichen Landgerichte und Rentämter wissen sich hiernach schuldigst und genauest zu achten.

(Verordnung vom 7. August 1804, RBl. Sp. 747)

15. Titulatur des Kurfürsten (1804)

Nun wird es etwas kompliziert.

Für die Titulatur des Kurfürsten, also für seine Bezeichnung in amtlichen Dokumenten und in Schriftstücken, werden hier drei Varianten vorgeschrieben, je nachdem, ob sie vom Kurfürsten selbst, von den obersten Behörden oder von den nachgeordneten Behörden verwendet wird. Die Aneinanderreihung zahlreicher Territorien in der Titulatur macht deutlich, dass diese Territorien im Oktober 1804 noch als voneinander unabhängige Besitzungen des Herrschers und nicht, wie später, als unselbstständige Bestandteile eines einheitlichen Staatsverbandes betrachtet wurden.

Ein kundiger Historiker könnte der Titulatur viele geschichtlich relevante Details entnehmen. So beruht die Bezeichnung als Fürst zu Bamberg, Würzburg, Augsburg, Freising und Passau darauf, dass diese Hochstifte (d.h. die weltlichen Territorien der entsprechenden Bischöfe) im Jahr zuvor durch die Säkularisation an den Kurfürsten gelangt waren. Gleiches gilt für das Fürststift und die Reichsstadt Kempten sowie für die Reichsstädte Ulm, Ravensburg, Wangen und Leutkirch, die wenig später württembergisch wurden. Das Herzogtum Berg, das 1614 durch Erbschaft an die Wittelsbacher gelangt war, lag weit entfernt am Niederrhein und wurde 1805 im Tausch gegen Ansbach an Napoleon abgetreten. Kleve und die im östlichen Westfalen gelegenen Grafschaften Mark und Ravensberg befanden sich in preußischem Besitz; sie erscheinen dennoch in der Titulatur, weil die Wittelsbacher trotz einer entsprechenden Regelung durch das Reich an ihrem Anspruch auf diese Gebiete jedenfalls pro forma festhielten. Wie das »etc.« in der vorletzten Zeile erkennen lässt, war auch die ausführliche Titulatur nicht vollständig. Sonst hätte man hier noch eine ganze Reihe weiterer Besitzungen aufführen müssen. Offenbar erschienen sie aber ihrer geringen Größe und Einwohnerzahl wegen vernachlässigenswert.

Dass bei den abgekürzten Titulaturen unter den Herzogtümern nur Berg erscheint, Kleve aber weggelassen wird, erklärt sich aus dem oben Gesagten. Dass Freising einmal mit i und einmal mit y geschrieben wird, beruht darauf, dass man es damals mit der Schreibweise von Ortsbezeichnungen nicht so genau nahm. Auch für Rothenburg gibt es zwei Schreibweisen.

»In Stylo majori« bedeutet »in gehobenem Stil«, wie er nicht von den Unterbehörden, wohl aber von den Landeskollegien zu verwenden war.

Churpfalzbaierisches Regierungsblatt.

XL. Stück. München, den 3. Oktober 1804.

Titulatur des Kurfürsten

I. Ausführliche Titulatur, welche nur von der höchsten Stelle geführt wird.

Maximilian Joseph,

in Ober- und Niederbaiern, der obern Pfalz, in Franken, zu Kleve und Berg Herzog, Fürst zu Bamberg, Würzburg, Augsburg, Freising und Passau, Fürst und Herr zu Kempten, Landgraf zu Leuchtenberg, gefürsteter Graf zu Mindelheim, Graf in der Mark, zu Ravensberg, Ottobeuren und Helfenstein, Herr zu Ulm, Rothenburg, Nördlingen, Schweinfurt, Wettenhausen, Roggenburg, Ursberg, Elchingen, Söflingen, Irrsee, Memmingen, Ravensburg, Wangen, Kaufbeuern, Buchhorn, Leutkirch und Bopfingen etc. des heiligen römischen Reichs Erzpfalzgraf, Erztruchseß und Churfürst.

Legende des geheimen Kanzley-Siegels:

Maximilian Joseph,
in Ober- und Niederbaiern, der obern Pfalz, in Franken, zu Kleve und Berg Herzog, Fürst zu Bamberg, Würzburg, Augsburg, Freysing, Passau und Kempten, Landgraf zu Leuchtenberg, gefürsteter Graf zu Mindelheim, Graf in der Mark, zu Ravensburg, Ottobeuern und Helfenstein, Herr zu Rottenburg, etc., etc., des heil. röm. Reichs Erzpfalzgraf, Erztruchseß und Churfürst.

II. Mittlere Titulatur,
welche von den Landes-Kollegien gebraucht wird, wenn sie Ausschreibungen in Stylo majori, oder sonstige Fertigungen mit vorausgesetzter churfürstlicher Titulatur erlassen.

Maximilian Joseph,
in Ober- und Niederbaiern, der obern Pfalz, in Franken, und zu Berg Herzog, Fürst zu Bamberg, Würzburg, Augsburg, Freysing, Passau und Kempten, Landgraf zu Leuchtenberg, gefürsteter Graf zu Mindelheim etc. etc. des heil. röm. Reichs Erzpfalzgraf, Erztruchseß und Churfürst.

Legende zu den Siegeln der churfürstlichen Kollegien: z. B. Churfürstliche Landesdirektion in Baiern.

III. Abgekürzte Titulatur:

Maximilian Joseph,
in Ober- und Niederbaiern, der oberen Pfalz, Franken und Berg Herzog etc. etc. des heiligen römischen Reichs Erzpfalzgraf, Erztruchseß und Churfürst.

(Verordnung vom 3. Oktober 1804, RBl. Sp. 849)

16.
Uniformen der Landgerichtsärzte (1804)

Eine Vorschrift, die einen ob der Gründlichkeit schmunzeln lässt, mit der die Uniform der Landgerichtsärzte bis ins kleinste Detail beschrieben wird. Sie lässt sich aber auch als Beleg für die liberalitas Bavariae – über der Kirchentür des Klosters Polling bei Weilheim, auf die man sich bei diesem Zitat zumeist beruft, steht übrigens liberalitas Bavaricae, nicht Bavariae – anführen. Denn den Landgerichtsärzten wird nicht nur die Beschaffenheit der Beinkleider und der Weste, sondern auch insgesamt freigestellt, ob sie überhaupt eine Uniform tragen wollen. Ich glaube nicht, dass der preußische König seinerzeit in Uniformfragen ebenso tolerant war wie der bayerische Kurfürst. Vielleicht wollte dieser aber auch nur für den Fall vorbeugen, dass einer der Ärzte auf den Gedanken gekommen wäre, von ihm die Kosten der Uniform erstattet zu verlangen.

Die Landgerichte waren damals sowohl Justiz- als auch Verwaltungsbehörden. Beide Aufgaben wurden in Bayern erst 1862 voneinander getrennt und eigenen Behörden, nämlich den Bezirksämtern einerseits und den Landgerichten andererseits, übertragen.

Später wurden die Landgerichte in »Amtsgerichte« umbenannt. Die Landgerichtsärzte waren also aus heutiger Sicht Amtsärzte.

Eine »Bouillon« war eine Goldquaste.

Ueberzeugt von den Vortheilen, welche die Civiluniformen sowohl zur Verminderung des Kleideraufwandes als zur angemessenen Auszeichnung gewähren, haben Seine Churfürstliche Durchlaucht vermög höchster Entschließung vom 29sten Oktober dieses Jahrs sich entschlossen, auch für die Landge-

richts-Aerzte, und zwar in sämtlichen churfürstlichen Provinzen gleichheitlich eine eigene Uniform zu bestimmen.

Dieselbe besteht aus einem Fracke von hechtgrauem Tuche mit platten gelbmetallenen Knöpfen, dann mit Aufschlägen und Kragen von schwarzem Manchester. Auf dem Kragen ist beyderseits ein mit Gold gesticktes oder gallonirtes Knopfloch anzubringen. Der Hut bekömmt eine goldene Hutschlinge mit gelbmetallenem Knopfe, und das Porte-épée ist von gedrehtem Goldfaden ohne Bouillon zu tragen. Beinkleider und Weste sind eines jeden Willkühr überlassen.

So wie Seine Churfürstliche Durchlaucht den Landgerichts-Aerzten jedoch durch gegenwärtige Verfügung die Verbindlichkeit, diese Uniforme zu tragen, keineswegs aufzulegen gedenken, sondern es einem jeden überlassen wollen, anstatt derselben ferner die bürgerliche Kleidung zu tragen; so erwarten Seine Churfürstliche Durchlaucht dagegen von denjenigen, welche von der höchsten Bewilligung Gebrauch machen, daß sie sich genau an die gegebene Vorschrift halten, und durch eigenmächtige Ueberschreitung nicht veranlassen werden, daß man sie mit gebührender Ahndung in ihre Schranken zurückweise.

Es wird daher diese höchste Entschließung zu Jedermanns Wissen und Nachachtung bekannt gemacht.

(Verordnung vom 6. November 1804, RBl. Sp. 957)

17.
Übersicht über die im Jahre 1804 prozessierten und abgeurteilten Übeltäter

Das ist eine der ersten, wenn nicht überhaupt die erste Kriminalstatistik, die in Bayern veröffentlicht wurde. Sie gibt die Zahl der im Jahr 1804 von den Hofgerichten München und Straubing verurteilten Straftäter an. Hofgerichte gab es zu diesem Zeitpunkt auch in Landshut und Burghausen. Unter den Delikten finden sich einige, die recht mittelalterlich anmuten; so beispielsweise der Bruch der Urfehde, worunter man den Bruch einer eidlichen Versicherung verstand, alle bisherigen Feindseligkeiten einstellen zu wollen. Auffällig der hohe Anteil der Diebstähle und der Landstreicherei.

Insgesamt erscheint aber die Kriminalitätsrate eher niedrig, falls man nicht von hohen Dunkelziffern ausgehen muss. So ist kaum anzunehmen, dass es wirklich nur vier Konkubinatsfälle gegeben haben soll. Heute spräche man von nichtehelichen Lebensgemeinschaften und der Hinweis darauf, dass sie in Bayern jedenfalls dann noch bis 1970 strafbar waren, wenn sie »erhebliches öffentliches Ärgernis erregten«, wird wohl heute nur noch ein Kopfschütteln hervorrufen.

Bemerkenswert ist, dass damals noch ausschließlich die lateinischen Bezeichnungen der jeweiligen Delikte verwendet wurden. Die deutsche Übersetzung ist deshalb in Klammern beigefügt.

Statistik der Justiz vom Jahre 1804
Uebersicht über die im Jahre 1804 prozessirten und abgeurtheilten Uebeltäter.

Verbrechen	*Hofgericht München*	*Hofgericht Straubing*	*Summe*
Crimen vis publicae (Verbrechen gegen die Obrigkeit)	*4*	*2*	*6*
Effractio carceris (Gefangenenbefreiung)	*2*	*2*	*4*
Fracta Urpheda (Urfehdebruch)	*2*	*1*	*3*
Homicidium (Totschlag)	*9*	*2*	*11*
Latrocinium (Raubmord)	*2*	*3*	*5*
Homicidium proditorium (Mord)	–	*1*	*1*
Infanticidium (Kindsmord)	*1*	*2*	*3*
Procuratus abortus (Abtreibung)	–	–	–
Expositio Infantis (Kindsaussetzung)	*3*	*2*	*5*
Clandestinum puerperium (Verheimlichte Schwangerschaft mit Tod des Kindes)	–	*1*	*1*
Stuprum violentum (Notzucht)	*1*	*1*	*2*
Fornicatio (Sittlichkeitsverbrechen)	*3*	*3*	*6*
Incestus (Blutschande)	*3*	*1*	*4*
Concubinatus (wilde Ehe)	*1*	*3*	*4*
Adulterium (Ehebruch einer verheirateten Frau)	*8*	*2*	*10*
Vulneratio (schwere Körperverletzung)	*2*	*2*	*4*
Injuriae atroces (schwere Beleidigung, Gewaltanwendung)	*3*	*6*	*9*

Verbrechen	*Hofgericht München*	*Hofgericht Straubing*	*Summe*
Minae atroces (schwere Beleidigung, Bedrohung)	*4*	*6*	*10*
Sacrilegium (Kirchendiebstahl, Kirchenfrevel)	*3*	*2*	*5*
Furtum (Diebstahl)	*219*	*79*	*298*
Abigeatus (Viehdiebstahl)	*25*	*5*	*30*
Fericidium (Wilderei)	*26*	*6*	*32*
Rapina et Roboria (Raub und Straßenraub)	*15*	*6*	*21*
Incendium (Brandstiftung)	*4*	*2*	*6*
Falsum (Fälschung)	*5*	*12*	*17*
Stellionatus (Betrug)	*12*	*1*	*13*
Crimen vagi (Landstreicherei)	*36*	*48*	*84*
Scientia et participatio furti (Mitwisserschaft und Teilnahme am Diebstahl)	*23*	*7*	*30*
Suspectio (Verleumdung)	*126*	*55*	*181*
Summa	*542*	*265*	*807*

(Bekanntmachung vom 10. Mai 1805, RBl. Sp. 608)

18. Bezeichnung der königlichen Ämter (1805)

Sage einer, nur die Preußen seien penibel gewesen!

Die Bezeichnung »Stelle« war übrigens in Bayern in einigen Behördenbereichen noch bis Mitte dieses Jahrhunderts im Gebrauch. Mir selber ist noch als Amtsgerichtsrat Ende der fünfziger Jahre ein Bericht eines Forstamts in die Hände gekommen, in dem die dem Forstamt vorgesetzte »Stelle« gebeten wurde, den Bericht der »höchsten Stelle« – gemeint war die Ministerialforstabteilung im Staatsministerium für Ernährung, Landwirtschaft und Forsten – vorzulegen.

Diese Vorschrift ist im Übrigen in formeller Hinsicht ein Kuriosum. Bayern ist nämlich erst am 1. Januar 1806 zum Königreich proklamiert worden. Dennoch ist in der auf den 25. April 1805 – also auf einen Zeitpunkt, in dem Bayern noch ein Kurfürstentum war – datierten Verordnung von »königlichen« Ämtern und von der »königlichen« Landesdirektion die Rede. Als die Verordnung mit einer Verzögerung von rund 9 Monaten veröffentlicht wurde, war Bayern inzwischen zum Königreich geworden. Vielleicht hat man das bewusst abgewartet und den Text dann entsprechend korrigiert.

Man hat eine Zeit her bemerkt, daß sich mehrere königlich-baierische Aemter in ihren Berichten des Ausdruckes: »die unterzeichnete Stelle« zu bedienen pflegen.

Da es aber nur den Landes-Kollegien zukommt, sich eine »Stelle« zu benennen, so wird auf Sr. königlichen Majestät allerhöchsten Befehl vom 18. dieses verordnet, diese für ein untergeordnetes Amt unschickliche Benennung künftig wegzulassen.

München den 25. April 1805

Königliche Landes-Direktion.
Freiherr von Weichs.

von Schmöger.

(Verordnung vom 25. April 1805, RBl. 1806, S. 154)

19.
Begräbnisfeierlichkeiten beim Bürgermilitär
(1807)

Die peinlich genau geregelte Abstufung der Begräbnisfeierlichkeiten je nach Rangklasse des Verstorbenen lässt den hierarchischen Charakter der damaligen Gesellschaft auch in den Städten und Märkten erkennen.

Dem Bürgermilitär – auch Bürgermiliz genannt – gehörten ältere Reservisten an. Durch die Verfassung von 1818 erhielt es die Bezeichnung Landwehr.

Fast rührend – oder eher pfiffig – die Erwägung, dass der bürgerlichen Artillerie das Feuern bei der Fronleichnamsprozession gestattet wird, um ihr »im wirklichen Gebrauch der Kanonen einige Übung zu verschaffen«. Jedenfalls ein Anzeichen dafür, dass man in Bayern damals nicht sehr kriegerisch gesinnt und außerdem mit militärischen Ausgaben sehr sparsam gewesen ist. Und das, obwohl die napoleonischen Kriege ja auch Bayern bereits erheblich in Mitleidenschaft gezogen hatten.

Auf die Berichte Unseres General-Landes-Kommissariats dahier vom 15. Juni laufenden Jahres, über das militärische Begräbniß der Bürgermilitär-Individuen, und den Gebrauch der Kanonen bei Feierlichkeiten der bürgerlichen Artillerie beschließen Wir wie folgt:

I. Zur mehreren Auszeichnung des Bürgermilitärs werden demselben in jenen Städten und Märkten, wo dasselbe vollkommen organisirt ist, für die abgelebten Individuen die militärischen Begräbniß-Feierlichkeiten zugestanden, und zwar:

1. *Die Leiche eines Gemeinen wird mit einer Viertels-Kompagnie;*
2. *Die eines Unteroffiziers mit einer Drittels-Kompagnie;*

3. *Jene eines Unter- oder Ober-Lieutenants mit der Hälfte der Kompagnie;*
4. *Die eines Kapitäns mit der ganzen;*
5. *Die eines Majors und Oberstlieutenants mit 2 Kompagnien; endlich*
6. *Jene eines Obersten mit 4 Kompagnien mit Gewehr begleitet; jedoch unterbleibt das Feuern beim Einsenken des Sarges.*

II. Um der bürgerlichen Artillerie im wirklichen Gebrauche der Kanonen einige Uebung zu verschaffen, wird derselben gestattet, am Fronleichnams-Feste bei den 4 Evangelien feuern zu dürfen; in jenen Städten aber, wo diese Salutierung am Fronleichnams-Feste vom königlichen Militär geschieht, wird dieselbe vom Bürger-Militär bei der zweiten Prozession mit 12 Schüssen vorgenommen.

Diese Unsere allerhöchste Entschließung ist zur genauen Befolgung öffentlich bekannt zu machen.

München, den 22. Juli 1807

Max Joseph

Freiherr von Montgelas.
Auf königlichen allerhöchsten Befehl.
von Krempelhuber.

(Verordnung vom 22. Juli 1807, RBl. Sp. 1297)

20.
Einhaltung der Lotto-Gesetze
(1807)

Die Eingliederung der bis dahin selbstständigen fränkischen Territorien in den bayerischen Staatsverband (vergleiche die Texte Nr. 7 und 15) hat auf beiden Seiten nicht nur Freude ausgelöst. Die Franken mussten jetzt als bayerische Untertanen plötzlich die bayerischen Gesetze und Verordnungen befolgen, die ihnen bis dahin unbekannt waren. Daraus ergaben sich allerlei Schwierigkeiten.

Zum Vollzug der Eingliederung gab es für die »fränkische Provinz« vorübergehend auch ein eigenes General-Landeskommissariat.

Die Vorschrift wollte weniger die Wettenden als vielmehr die eigene bayerische Lotterie vor unliebsamer Konkurrenz schützen und den Abfluss von Geldern ins »Ausland«, also in andere deutsche Staaten, verhindern.

Es ist zur Anzeige gekommen, daß mehrere Individuen in der Fränkischen Provinz für eigene Rechnung sogenannte Wett-Komtoirs auf die in- und ausländischen Lotto-Ziehungen halten, von den auswärtigen Lotto-Direktionen Aufträge übernehmen, für dieselben gegen ein gewisses Procent, Einsäze kollectiren, die Geld-Ueberschüsse ins Ausland versenden, und sich mit heimlichen Spielsammlungen abgeben. Alle diese Handlungen sind, ihrer Natur nach, den bestehenden Lotto-Gesezen entgegen, und werden, mit Hinweisung auf diese lezteren, damit Niemand mit der Unwissenheit sich entschuldigen könne, hiermit förmlich und ausdrücklich, bei Vermeidung schwerer Verantwortung und angemessener Strafe, für immer verboten. Unter diesem Verbote sind auch die sogenannten Glückshafen, und das Ausspielen von Gütern, Waaren und Effekten, durch Loose begriffen. Sämtliche Unterthanen der Fränkischen Provinz haben sich hiernach zu achten, die Polizei-Behörden aber über die genaue Befolgung dieser Verordnung streng und unausgesezt zu wachen.

Ansbach den 3. August 1807

Königlich Baierisches General-Landes-
Kommissariat in Franken.
Graf von Thürheim.

Stürmer.

(Bekanntmachung vom 3. August 1807, RBl. Sp. 1343)

21. Hochzeit auf dem Lande (1807)

Insbesondere bei ländlichen Hochzeiten geht es ja auch heutzutage meist nicht gerade spartanisch zu. Damals hat man es aber offenbar mancherorts zu bunt getrieben. Herr von Weichs war also wieder einmal gezwungen, auf seine Weise einem »Unfug« zu steuern und zu diesem Zweck auf die »ihrem Bezirk einverleibten Pfarrer« zurückzugreifen. Diese erscheinen übrigens in der Anordnung als ziemlich hilflose Figuren, die sich gegenüber den Hochzeitern und ihren Gästen nicht zu behaupten wissen und dazu erst der staatlichen Hilfe bedürfen. Mit der landläufigen Vorstellung von einem altbayerischen Bauern-Pfarrer im 19. Jahrhundert stimmt das nicht recht überein. Gerne wüsste man, was die Bauern wohl bei der dreimaligen Verlesung des Befehls in der Sonntagsmesse gedacht haben und ob sie künftig den Trauungen wirklich »mit möglichster Auferbauung« beigewohnt haben.

Es ist bei unterzeichneter königlicher Stelle angezeigt worden, daß an vielen Orten auf dem Lande bei den Hochzeiten die priesterliche Einsegnung mit dem dabei gewöhnlichen Gottesdienste oft erst nach 11 Uhr, und so gar um 12 Uhr vor sich gehe, und dieß nicht aus Verschulden der Seelsorger, sondern der Hochzeitsgäste, die den Vormittag meistens mit unmäßigem Essen, und Trinken so lange hinbringen, bis es ihnen endlich gefällig ist, den Zug zur Einsegnung und zum Gottesdienste in die Kirche zu eröfnen, bei welcher Gelegenheit sie, vom Trunke erhizt, nicht selten auf dem Wege sowohl, als selbst im Tempel Gottes Aergerniß grober Art den Zusehern darbieten; statt, daß sie sich alles Ernstes befleißen sollten, so einer religiösen feierlichen Handlung, als die Kopulation ist, mit allem Anstande, und mit möglichster Auferbauung beizuwohnen.

Um diesem Unfuge zu steuern, wird daher verordnet, daß künftig auf dem Lande überall ohne Ausnahme, die Kopulationen vor 10 Uhr, oder längstens um 10 Uhr, bei 12 Reichsthaler Strafe, die von den Brautleuten zu erholen, und für den Lokal–Armenfonds zu verrechnen sind, geschehen müßen; wie nicht minder, daß sich die Hochzeitgäste beim Zuge sowohl in die Kirche, als in der Kirche selbst aller Ungebührlichkeiten um so mehr zu enthalten haben, als man sie außerdem nach Strenge bestrafen würde.

Alle königlichen Landgerichte haben mittels Patents die ihrem Bezirke einverleibten Pfarrer hierüber mit dem Anhange in Kenntniß zu sezen, daß gegenwärtiger Befehl zu Jedermanns Warnung drei Sonntage nacheinander von den öffentlichen Kirchen-Kanzeln abgelesen werden soll.

München, den 10. November 1807

Königliche Landes-Direktion in Baiern.
Freiherr von Weichs.

Proherr.

(Bekanntmachung vom 10. November 1807, RBl. Sp. 1754)

22.
Papierformat bei Behörden
(1808)

Die Landesdirektion von Neuburg – auch sie eine vorübergehende Einrichtung im Zuge der territorialen Erweiterung und Konsolidierung Bayerns – war offenbar besonders penibel. Wahrscheinlich hatte sich ihr Präsident darüber geärgert, dass Schriftstücke wegen ihres unterschiedlichen Formats nicht richtig zwischen die Aktendeckel passten. Deshalb mahnte er ernergisch »zur Erhaltung nötiger Gleichförmigkeit in den Akten«.

Bei den Ämtern gingen Zuwiderhandlungen mit einer Geldstrafe ab. Bittsteller (heute würde man sagen: Antragsteller) erhielten formatswidrige Eingaben postwendend unerledigt zurück. So einfach war das damals!

Man hat schon öfter verordnet, daß zur Erhaltung nöthiger Gleichförmigkeit in den Akten nur einerlei Format des Papiers, nämlich zu 17 Zoll Breite, und 14 Zoll Höhe, bei Berichterstattungen sowohl, als bei einkommenden Bittschriften gebraucht werden soll.

Da aber dieser Verordnung ungeachtet noch immer die verschiedensten Formate zum Vorscheine kommen, und hieraus eine unangenehme, und unschickliche Gestalt der Akten hervorgeht; so wird obige Verordnung über das Papier-Format mit dem Anhange wiederholt, daß die königlichen Aemter jeder Art für jeden Unterlassungsfall 30 kr. Strafe entrichten, alle andere Vorstellungen aber ohne Resolution, und ohne ad acta registrirt zu werden, zurückgehen sollen.

Neuburg den 16. Februar 1808.

Königliche Landes-Direktion
von Neuburg.
Graf von Tassis.

von Heckel.

(Bekanntmachung vom 16. Februar 1808, RBl. Sp. 558)

23.
Konstitution für das Königreich Bayern
(1808)

Die vom König erlassene Konstitution von 1808 war in ihrer Art die erste bayerische Verfassung. Sie und die ihr beigefügten organischen Edikte fassten die bis dahin zur Vereinheitlichung des Staatswesens ergriffenen Schritte zusammen, führten sie im Sinne einer Modernisierung der gesamten Verwaltung fort und beschnitten auch die Vorrechte des Adels und der sogenannten Stände. Von einer Volksvertretung konnte allerdings noch keine Rede sein. Die vorgesehene Nationalrepräsentation sollte nämlich mehrstufig gewählt werden und ist im Übrigen nie zusammengetreten. Erst die Verfassung von 1818, die mit Änderungen bis 1918 galt, hat den Übergang zur konstitutionellen Monarchie vollzogen.

Der hier abgedruckte Vorspruch zur Konstitution lässt erkennen, dass es vor allem um die Integration der alten und der neu hinzugekommenen Territorien und um die Vereinheitlichung des Rechts und der Verwaltung ging. Interessant ist, dass in diesem Zusammenhang einmal vom Staat, dann von »unseren Staaten«, aber auch von »unserem Reich« die Rede ist.

Leicht zu lesen ist dieser Vorspruch nicht. Der erste Satz enthält nicht weniger als acht Nebensätze und erstreckt sich über dreizehn Druckzeilen.

Königlich-Baierisches
Regierungsblatt.

XXII. Stück. München, Mittwoch den 25. Mai 1808.

Von der Ueberzeugung geleitet, daß der Staat, so lange er ein bloßes Aggregat verschiedenartiger Bestandtheile bleibt, weder zur Erreichung der vollen Gesamtkraft, die in seinen Mitteln liegt, gelangen, noch den einzelnen Gliedern desselben alle Vortheile der bürgerlichen Vereinigung, in dem Maaße, wie es diese bezwecket, gewähren kann, haben Wir bereits durch mehrere Verordnungen die Verschiedenheit der Verwaltungsformen in Unserm Reiche, so weit es vor der Hand möglich war, zu heben, für die direkten Auflagen sowohl, als für die indirekten ein gleichförmigeres Sistem zu gründen, und die wichtigsten öffentlichen Anstalten dem Gemeinsamen ihrer Bestimmung durch Einrichtungen, die zugleich ihre besondern sichern, entsprechender zu machen gesucht. Ferner haben Wir, um Unsern gesamten Staaten den Vortheil angemessener gleicher bürgerlicher und peinlicher Geseze zu verschaffen, auch die hiezu nöthigen Vorarbeiten angeordnet, die zum Theil schon wirklich vollendet sind. Da aber diese einzelnen Ausbildungen besonderer Theile der Staats-Einrichtung nur unvollkommen zum Zwecke führen, und Lücken zurück lassen, deren Ausfüllung ein wesentliches Bedürfniß der nothwendigen Einheit des Ganzen ist; so haben Wir beschlossen, sämtlichen Bestandtheilen der Gesezgebung und Verwaltung Unseres Reichs, mit Rücksicht auf die äussern und inneren Verhältnisse desselben, durch organische Geseze einen vollständigen Zusammenhang zu geben, und hiezu den Grund durch gegenwärtige Konstitutions-Urkunde zu legen, die zur Absicht hat, durch entsprechende Anordnungen und Bestimmungen den gerechten, im allgemeinen Staatszwecke gegründeten Forderungen des Staats an seine einzelnen Glieder, so wie der einzelnen Glieder an den Staat, die Gewährleistung ihrer Erfüllung, dem Ganzen feste Haltung und Verbindung, und jedem Theile der Staatsgewalt die ihm angemessene Wirkungskraft nach den Bedürfnissen des Gesamt-Wohls zu verschaffen.

(Auszug aus der Bekanntmachung vom 1. Mai 1808,
RBl. Sp. 985)

24.
Eidesformel der Postbeamten
(1808)

Den Postbeamten muss nach der Verlesung der Eidesformel der Kopf gebrummt haben. In ihrer Ausführlichkeit stellt sie eher eine Dienstanweisung dar. Die »Gerechtsame des Souveräns« und das Staatswohl stehen kumulativ nebeneinander. Die Post galt also immer noch eher als persönliche Domäne des Königs, nicht so sehr als »Staatsunternehmen«. Zwischen diesem Rechtszustand und der heutigen Ordnung des Postwesens – vom Fernmeldewesen ganz zu schweigen – liegen Welten. Man stelle sich nur einmal vor, ein damals auf König Max I. vereidigter Postbeamter würde aus dem Jenseits zurückkehren und seine Tätigkeit bei der börsennotierten Telekom AG oder bei der Deutschen Post AG fortsetzen wollen!

Ihr sollet geloben und einen leiblichen Eid zu Gott, dem Allmächtigen schwören: dem Allerdurchlauchtigsten und Großmächtigsten König und Herrn Herrn Maximilian Joseph, König in Baiern, treu, hold und gehorsam zu seyn; Allerhöchstdero Nuzen zu fördern, Schaden zu warnen, und zu wenden; aller geheimen Verbindungen mit In- oder Ausländern euch zu entschlagen; nichts, was den allerhöchsten Gerechtsamen des Souverains, oder dem Wohl des Staats entgegen seyn könnte, zu unternehmen, oder, daß es andere thun, zu gestatten; insbesondere aber, den jetzt bestehenden und künftig erfolgenden Post-Gesezen und Verordnungen, so wie den Befehlen der euch vorgesezten Post-Behörden aufrichtig nachzukommen; auf die schnelle und sichere Bestellung und Spedirung der Briefe, Estaffetten, Packete und anderer Effekten; auch Förderung der Kuriers und Reisenden den möglichsten Fleiß und Aufmerksamkeit zu verwenden; in den euch anvertrauten Postsachen die Pflicht der Verschwiegenheit zu beobachten; Niemand gegen die bestehende Tarife und Taxordnung zu übernehmen; über alle Einnahmen und Ausgaben, wem es gebührt, getreue Rechnung zu legen; den Inhalt der Dienstes-Instruktion, gleich als wenn sie hier wörtlich enthalten wäre, pünktlich zu erfüllen; und überhaupt alles dasjenige zu leisten, was einem rechtschaffenen Post-Beamten geziemt und wohl anstehet.

Bestabung.

Was mir ist vorgehalten worden, und ich wohl verstanden habe, dem allen schwöre ich getreulich nachzukommen, so wahr mir Gott helfe und sein heiliges Evangelium.

Unterschrift des
Zur Beglaubigung des Aktes
Unterschrift des

(Bekanntmachung vom 6. Juli 1808, RBl. Sp. 1521)

25.
Erhöhung des Staatsministers Freiherr von Montgelas in den Grafenstand
(1809)

Maximilian Freiherr, nunmehr Graf von Montgelas war der eigentliche Schöpfer des neuzeitlichen Bayern. Sein Werk war vor allem die schon in den Bemerkungen zum Text Nr. 23 angesprochene Vereinigung der alten und der neu hinzugekommenen Gebiete zu einem zentralistisch organisierten Staatsganzen, wobei Bayern der Fläche nach von 61 260 Quadratkilometern auf 75 858 Quadratkilometer und der Bevölkerung nach von 1,9 Millionen auf 3,7 Millionen Einwohner zunahm. Ihm ist auch in erster Linie die Modernisierung des Staatswesens nach französischem Vorbild zu danken. Mit seinen Überzeugungen stand er dem Geist der Aufklärung nahe und vollzog im Rahmen der Säkularisation insbesondere die Enteignung des Kirchengutes und die Auflösung der Klöster mit großer Robustheit.

Montgelas, 1759 als Sohn eines aus Savoyen stammenden Generals und einer bayerischen Mutter in München geboren, kam zusammen mit Maximilian Josef, dem späteren König Max I., aus Zweibrücken, wo er ihm schon als politischer Berater gedient hatte. Er blieb der leitende Minister des Königreiches bis zum Jahre 1817, in dem er ausgerechnet am Lichtmesstag (2. Feburar), an dem früher die Dienstboten ein- und ausgestellt wurden, sein Amt verlor, nicht zuletzt auf Betreiben des Kronprinzen, des nachmaligen Königs Ludwig I. Er stand nun der nachdrängenden jüngeren Generation und deren liberaleren und nationalen Ideen im Weg.

Die erwähnte Majorats-Dotation bezog sich auf drei Hofmarken und einen Edelsitz in Niederbayern, die Montgelas aus eigenen Mitteln erworben hatte. Sie bestand darin, dass der König diesen Grundbesitz als Grundlage für Montgelas' Aufnahme in den Grafenstand anerkannte.

Wir haben in dankbarer Erinnerung sowohl der bewährtesten Treue und Anhänglichkeit, welche Unser Staats- und Konferenz-Minister, Maximilian Freiherr von Montgelas während vielen Jahren Uns und Unserem königlichen Hause bewiesen, als der wichtigen Dienste, welche derselbe in allen Zweigen der äußern und innern Staats-Verwaltung, die seiner obern Leitung während Unserer Regierung anvertraut waren, in den gefahrvollesten Zeiten dem Vaterlande geleistet hat, und mit fortgeseztem Eifer durch seine tiefen Einsichten noch wirklich leistet, – beschlossen, denselben für sich, seine eheliche männliche und weibliche Nachkommenschaft in den Grafenstand mit allen in Unserem Königreiche damit verbundenen Rechten und Vorzügen zu erheben.

Mit dieser Standes-Erhöhung ertheilen Wir zugleich erwähnten Maximilian Freiherrn von Montgelas, und seiner männlichen ehelichen Descendenz, nach der in dem organischen Edikte über den Adel vom 28. Juli 1808, §.36 vorgeschriebenen Successions-Ordnung, eine Majorats-Dotation, welche auf die schuldenfreie, durch gültige Käufe in einem Werthe von 205 000 fl. bereits erworbene, und durch die mit Unserer vorläufigen Genehmigung eingeleitete Arrondirung oder sonst noch hinzukommenden Güter konstituirt wird.

Unserm Ministerium der auswärtigen Verhältnisse und der Justiz wird zu Folge des §.33 des obenangeführten Edikts der Auftrag ertheilt, nach dem einem jeden derselben darin angewiesenen Wirkungskreise die Majorats-Urkunde nach der bemerkten Dotation auszufertigen, seiner Zeit dieselbe sowohl in das Hypothekenbuch als in die Matrikel des einschlägigen Gerichtes, so wie die ertheilte Standes-Erhöhung in das Adels-Register vorschriftsmäßig eintragen zu lassen, und durch das Regierungsblatt bekannt zu machen.

Gegeben in Unserer Haupt- und Residenz-Stadt München den 7. November 1809.

(Bekanntmachung vom 7. November 1809, RBl. 1810 Sp. 5)

26.
Allerhöchste Zufriedenheits-Bezeugung (1810)

Öffentliche Belobigungen finden sich in den alten Amtsblättern des Öfteren. Im vorliegenden Fall gelten sie zwei Männern, die während der napoleonischen Kriege als Zivilisten bemerkenswerte Taten zum Nutzen der Allgemeinheit vollbracht haben. Der brave Schiffsknecht Sebastian Nagl hat im Feldzug des Jahres 1805, in dem Bayern schon auf Seiten Napoleons stand, zusammen mit einem Helfer Teile der französischen Armee bei Mühldorf über den Inn gesetzt, um so für die Stadt Mühldorf die Lasten der Einquartierung zu vermindern. Als die Österreicher 1809 Mühldorf besetzten, wurden beide deshalb als angebliche Spione verhaftet und längere Zeit in einem österreichischen Gefängnis eingesperrt.

Der Söldnerssohn Lorenz Enzmann meldete den bayerischen Truppen, die sich im Verlaufe des Feldzugs von 1809 wiederum als Bundesgenossen Napoleons auf dem Rückzug vor der Armee Erzherzog Karls in die Gegend von Siegenburg zurückgezogen hatten, einen unmittelbar bevorstehenden neuerlichen österreichischen Angriff. Zu diesem Zweck legte er – wie es in den Akten heißt – einen langen und anstrengenden Fußmarsch zurück.

Der Salzach-Kreis, dessen Generalkommissariat über die Rückkehr Nagls berichtete, ist einer der Verwaltungsbezirke, in die das Königreich im Jahre 1808 auf der mittleren Ebene eingeteilt wurde. Man folgte dabei dem französischen Beispiel der Departementsgliederung, bei deren Abgrenzung auf die territorialen Verhältnisse vor der Revolution bewusst keine Rücksicht genommen wurde. Um die Erinnerung an die Vergangenheit zu überwinden, wurden die Departements nach Flüssen, also nach geographischen, nicht nach historischen Merkmalen benannt. In Bayern kehrte man allerdings 1837 zu den historischen Bezeichnungen (Oberbayern, Niederbayern, Oberpfalz und Regensburg, Schwaben und Neuburg, Oberfranken, Mittelfranken sowie Unterfranken und Aschaffenburg) zurück, die sich – abgesehen von den hinzugesetzten Städtenamen – bis in die Gegenwart erhalten haben. Unter Kreisen versteht man heute die Landkreise. Die seinerzeitigen Kreise sind heute die Regierungsbezirke.

Seiner Majestät war es angenehm, aus dem Berichte des General-Kommissariats im Salzach-Kreise die endliche Rückkehr des braven Schiffknechts aus Mühldorf, Sebastian Nagl aus einer dreizehnmonatlichen, eben so grausamen als ungerechten Gefangenschaft zu vernehmen: betrübend aber die zerstörenden Folgen dieser harten Behandlung auf die Gesundheit dieses unglücklichen Unterthans, der sich alle jene Leiden bloß durch seine treue und patriotische Verwendung bei dem im Jahre 1805 bewerkstelligten Inn-Uebergang zugezogen hat. Ein allerhöchstes Reskript vom 19. Mai l. J. sichert daher den weitern Fortbezug des seiner Gattin bereits angewiesenen Alimentations-Beitrags zur Pflege des Mannes zu, und seine nüzliche Verwendung wurde durch Verleihung der silbernen Verdienstmedaille belohnt.

Dem Söldners-Sohne aus Leitendorf, Landgerichts Pfaffenberg, Lorenz Enzmann, welcher am 16. April vorigen Jahres aus eigenem Antriebe der zweiten Armee-Division Nachricht von dem unvorgesehenen Anrücken einer feindlichen Abtheilung nach Pfeffenhausen überbrachte, wurde wegen der bei dieser Gelegenheit bewiesenen Besonnenheit und Vaterlandsliebe am 16. Mai l. J. die allerhöchste Zufriedenheit zu erkennen gegeben, und demselben ein auszeichnendes Denkmal der allerhöchsten Gnade durch Verleihung der silbernen Verdienstmedaille ertheilt.

(Bekanntmachung vom 30. Mai 1810, RBl. Sp. 436)

27.
Eingaben protestantischer Pfarramtskandidaten
(1810)

Auch protestantische Pfarramtskandidaten geraten zuweilen in die Mühlen der bayerischen Bürokratie – so geschehen 1810 im Isarkreis. Wieder geht es um das Format der Einsendungen, aber auch um die geziemende Anrede und nicht zuletzt um die Entrichtung von Gebühren in Gestalt des Stempelpapiers. Imponierend die Zahl der Vorschriften, auf die dabei Bezug genommen und von denen offenbar unterstellt wird, dass sie den Pfarramtskandidaten bekannt oder doch zugänglich sind.

Die protestantische Kirche spielte in Bayern erst nach dem Hinzutreten der fränkischen und schwäbischen Gebiete eine größere Rolle. In Altbayern gab es nur vereinzelt Protestanten; so etwa in der ehemals selbstständigen Grafschaft Ortenburg bei Passau, die im Zuge der Reformation protestantisch geworden war und erst 1805 zu Bayern kam. Der Text zeigt, wie weitgehend damals die protestantische Kirche in die staatlichen Strukturen eingegliedert war. Das Generalkonsistorium – dem heutigen Landeskirchenrat vergleichbar – bildete eine Sektion beim Staatsministerium des Innern, das Generalkommissariat des Isarkreises – vergleichbar der heutigen Regierung von Oberbayern – war, wohl auch in Gestalt einer eigenen Sektion, zugleich für seinen Bereich das protestantische General-Dekanat.

Es ist bisher mißfällig bemerkt worden, daß die protestantischen Pfarramts-Kandidaten bei ihren Anmeldungen zur Anstellungsprüfung und bei Einsendung der vorschriftsmässigen Notizen, Zeugnisse und Probe-Predigten, sowohl die geziemende Form ihrer Eingaben an das königliche Ministerium des Innern und an das in dessen Kirchen-Sektion bestehende protestantische General-Konsistorium rücksichtlich des Formats, der Anrede und der Unterschrift vernachlässigen, als besonders die Anwendung des zu den Eingaben selbst und zu den beiliegenden Attesten gesezlich verordneten Siegelpapiers unterlassen. Es werden daher, einem allerhöchsten Reskripte zu Folge, die in dem Isar-, Salzach- und Unterdonau-Kreise befindlichen protestantischen Pfarramts-Kandidaten auf die in dieser Rücksicht bestehenden Verordnungen, und zwar in Rücksicht der Form der Eingaben auf das Regierungsblatt des Jahres 1806 Seite 7 und 307, des Jahres 1808 Seite 179 und Seite 2278, XI. Edikt wegen Organisation einer Kirchen-Sektion verglichen mit Seite 1959, §. 13. und die Konsistorial-Ordnung Regierungsblatt des Jahres 1809 Seite 1490, in Rücksicht des Stempelpapiers auf die Stempelordnung im Regierungsblatte des Jahres 1805 Seite 401 und 413 hingewiesen, und vor den aus der Nichtbeobachtung derselben für sie entstehenden nachtheiligen Folgen der Zurückweisung ihrer Eingaben und der Erhebung der verwirkten Stempelstrafe ernstlich gewarnt.

München den 27. Juni 1810.

Königliches General-Kommissariat des
Isar-Kreises als protestantisches General-Dekanat.
de Troge, Direktor.
Rainprechter.

(Bekanntmachung vom 27. Juni 1810, RBl. Sp. 529)

28.
Aufruf zur Unterstützung Not leidender Dörfer
(1810)

Eine sehr anschauliche Schilderung einer Unwetterkatastrophe, die man so heutzutage bestimmt nicht in einem Amtsblatt finden würde. Das Regierungsblatt hat seinerzeit aber teilweise auch Funktionen wahrgenommen, die später auf die Zeitungen übergingen. Die Bitte um Spenden ist für unsere Ohren etwas pathetisch formuliert. Auch sind die eingegangenen Beträge hoffentlich an die Geschädigten weitergeleitet und nicht vom königlichen Regierungsblatt »als Denkmal der National-Wohltätigkeit für die Geschichte« aufbewahrt worden, wie es im letzten Absatz missverständlich heißt. Der Aufruf schweigt sich übrigens darüber aus, was der Staat selbst tut, um den Notleidenden zu helfen.

Eine in unsern Gegenden höchst seltene Naturbegebenheit, ein wirklicher Orkan, verbreitete am 18. Juli über 7 Ortschaften im Landgerichte Zusmarshausen und Göggingen Schrecken und Zerstörung. Ihm gieng ein wenig bedeutendes Gewitter voraus, das sich bloß durch sparsam fallende Schlossen auszeichnete, die 3 Zolle im Durchschnitte hatten, und von platter, stern- und kreuzförmiger Gestalt waren. Auf einmal aber erhob sich nordwestlich ein wüthender Sturmwind, der in Anried, Engertshofen, Kuzenhausen, Kazenlohe, Bronnen, Deubach und Anhausen in einer Zeit von 6 Minuten eine Menge Häuser und Städel ganz darniederriß, und die übrigen mehr oder weniger beschädigte. Die meisten Einwohner mußten aus den Trümmern ihrer Wohnungen hervorgezogen werden. Doch kostete dieser Unfall keinem Menschen das Leben; nur mehrere Stück Vieh wurden erschlagen.

Einen schrecklichen Anblick bothen diese so plötzlich zerstörten Dörfer nach vorübergegangenem Sturme dar. Ohne Obdach sahen seine Einwohner jammernd auf den zugerich-

teten Schaden, der auf 75 000 Gulden eingeschäzt worden ist. Was ihr Unglück vermehrt, ist der traurige Umstand, daß sie durch die häufigen Einquartirungen des leztern Krieges ganz verarmt sind, und deswegen ohne fremde Unterstützung die Gebäude nicht wieder herzustellen vermögen. Seine Majestät, unser allergnädigster König, hat daher erlaubt, die Einwohner des gesamten Königreichs um milde Beiträge für diese Unglücklichen anzusprechen.

Edle Baiern! ihr habt schon bei mehreren Gelegenheiten gezeigt, daß ihr herzlichen Antheil an dem Unglücke Aller nehmet, die jezt ein Scepter mit euch brüderlich vereint. Was hier die Natur zerstörte, das wandle euer edelmüthiger Sinn in Segnungen für die Menschheit um.

Das königliche Regierungsblatt wird die an unterzeichnete Stelle eingehenden Unterstüzungen als Denkmal der National-Wohltätigkeit für die Geschichte aufbewahren.

Augsburg den 14. August 1810

Königliches General-Kommissariat des
Lech-Kreises.
von Mertz.

v. Heinleth.

(Bekanntmachung vom 14. August 1810, RBl. Sp. 695)

29.
Handwerksmissbrauch der Nagelschmiede
(1810)

Nach den Missbräuchen der Färbergesellen (vgl. Text Nr. 1) erregen einige Jahre später die Nagelschmiede das Missfallen der Obrigkeit. Diesmal engagiert sich der König sogar selbst und mit allem schuldigen Respekt fragt man sich, ob der Monarch und sein leitender Minister damals wirklich keine anderen Sorgen gehabt haben. Immerhin war gerade erst der Volksaufstand im seit 1805 bayerischen Tirol niedergeschlagen worden.

Der missbilligte Brauch kannte offenbar nur das Weißmachen von schwarzen, aber nicht das Schwarzmachen von weißen Gesellen. Anscheinend waren in diesem Bereich die Schwarzen in der Minderheit!

Es ist Uns angezeigt worden, daß in einigen Kreisen Unseres Königreiches bei den Nagelschmid-Gesellen ein Unterschied besteht, nach welchem einige die schwarzen Nagelschmide, und andere die weissen genannt werden, und danach die erstern neben den übrigen Gesellen nur dann ungestört arbeiten dürfen, wenn sie sich weiß machen lassen, das heißt, nach Willkühr ihrer Kameraden einige Gulden bezahlen. Da dergleichen sogenannte Gesellen-Gebräuche schon in den ältern Polizei-Gesezen abgeschaft, und verboten sind, so verordnen Wir, daß der Unterschied zwischen Schwarz- und Weiß-Nagelschmiden künftig gänzlich aufhören, und das sogenannte Weißmachen als ein zweckloser und unvernünftiger Gebrauch nicht ferner geduldet werden soll.

Diejenigen Gesellen, welche dieses erneuerten Verbots ungeachtit diesen Gebrauch auf irgend eine Art noch fortzusezen wagen werden, sollen mit einem Civil-Arrest von acht Tagen bestraft werden.

Unsere sämtliche Polizei-Behörden haben über die genauere Beobachtung dieser Verordnung zu wachen.

München den 23. September 1810
Max Joseph.

Graf von Montgelas.
Auf königlichen allerhöchsten Befehl
der General-Sekretär
F. Kobell.

(Bekanntmachung vom 23. September 1810, RBl. Sp. 839)

30. Geschäftsstunden bei den Behörden (1811)

Die Geschäftsstunden der Behörden sind bis heute ein sensibles Thema. 1811 entschied man sich für eine fest begrenzte Dienstzeit von 8 bis 14 Uhr. Nur ein »Kanzlei-Individuum« musste bis 18 Uhr präsent sein. Auf exakte Einhaltung der Dienststunden wurde großer Wert gelegt – der Minister hatte sich persönlich davon zu überzeugen. Die Abteilungsleiter und Referenten – ihre Zahl war seinerzeit sehr gering; im Innenministerium waren es 1812 ganze 8 pragmatische Beamte, das heißt höhere Beamte im heutigen Sinne – durften andererseits auch nicht über 14 Uhr hinaus im Gebäude bleiben, ja es wurden ihnen sogar eigene Büroräume verwehrt. Ihre Arbeit sollten sie gefälligst zu Hause erledigen. Da läge für die Gegenwart noch ein beträchtliches Einsparungspotential!

Seine königliche Majestät haben allergnädigst zu beschliessen geruht, daß die bisher für die Kanzlei-Arbeiten von Morgens 9 bis 12 Uhr, und des Nachmittags von 3 bis 6 Uhr bestimmt gewesene Zeit, vom ersten kommenden Monats angefangen, für die königlichen geheimen Ministerial-Departements der auswärtigen Angelegenheiten, der Finanzen und des Innern, und deren Sektionen und Branchen, auf die ununterbrochen einzuhaltenden Stunden von acht bis zwei Uhr festgesezt werde.

In Folge dieses allerhöchsten Beschlusses sind während dieser Zeit die bei den genannten Ministerien unmittelbar einzureichenden Eingaben zu besorgen, so wie ingleichen die zu erholenden Ministerial-Pässe in dem bei dem Ministerium der auswärtigen Angelegenheiten bestehenden Paß-Bureau nachzusuchen.

Um jedoch die vorkommenden dringenden Arbeiten besorgen zu können, ist ein Zimmer der Kanzlei bis sechs Uhr

Abends offen zu halten, und einem Kanzlei-Individuum zur Pflicht zu machen, abwechselnd auch des Nachmittags bis sechs Uhr gegenwärtig zu seyn.

Die genaue und richtige Beobachtung der Kanzlei-Stunden wird durch ein allenthalben einzuführendes Präsenz-Protokoll nachgewiesen, worin jede Versäumniß der Kanzlei-Angehörigen angemerkt werden soll, und welches am Ende des Monats dem dirigirenden Minister zur Einsicht vorgelegt wird.

Die sämtlichen Ministerial-Lokalitäten sollen demnach von zwei Uhr des Nachmittags geschlossen seyn. Es werden von nun an auch die Vorstände und Räthe der Sektionen ausser der Zeit ihrer Sizungen dort nicht mehr in eigenen Zimmern arbeiten, indem die Zimmer der Geschäfts-Gebäude nur für die Sizungen, die Kanzleien, und Registraturen gewidmet bleiben.

Seine Majestät haben befohlen, daß vorstehende Bestimmungen bei allen administrativen Stellen im Königreiche in analoge Anwendung gebracht, und deshalb durch das allgemeine Regierungsblatt bekannt gemacht werden.

München den 20. April 1811.

Königliches Ministerium
der auswärtigen Angelegenheiten.

(Bekanntmachung vom 20. April 1811, RBl. Sp. 496)

31.
Ausländische Handwerksburschen betreffend
(1812)

Maßnahmen gegen unerwünschte Zuwanderung hielt man in Bayern schon Anfang des letzten Jahrhunderts für nötig. Damals ging es aber nicht um Asylbewerber oder Bürgerkriegsflüchtlinge, sondern um ausländische Handwerksburschen, die die bayerischen Grenzen passieren wollten. Bei der Errichtung entsprechender Hürden war man bereits in jener Zeit recht erfinderisch. Selbst »eigentliche ausländische Handwerksburschen« wurden nicht ohne weiteres eingelassen und wenn, dann war die Aufsicht über sie »streng zu handhaben«.

Die Vorschrift wurde übrigens zu einem Zeitpunkt erlassen, in dem sich Napoleons Große Armee Moskau näherte. Zu dieser Armee gehörten auch 33 000 Bayern, von denen nur einige hundert Mann lebend zurückkehrten. Den Gang der Verwaltung scheint das nicht weiter berührt zu haben.

Es ist bereits durch Unsere allgemeine Verordnung wider Vagabunden und Bettler vom 5. Oktober 1801, §. 5 bestimmt.

Daß den Fußgehern, welche an der ersten Eintritts-Station sich nicht mit hinlänglichem Reisegelde legitimiren können, oder durch ihre Handwerkskunde sich im Lande Nahrung zu verschaffen nicht im Stande sind, der Eintritt in das Land verweigert werden solle.

Wir finden uns bewogen, diese Bestimmung hiermit ausdrücklich zu wiederholen; und rücksichtlich derselben noch Folgendes näher festzusezen:

1. *Es sollen fremde Fußgänger ohne authentische Kundschaft über eine wirklich erlernte Profession, in welcher sie als Gesellen in diesseitigen Landen Unterhalt finden könnten, gar nicht eingelassen werden, wenn sie nicht*

über den erlaubten Zweck ihrer Reise, und zugleich über die hinlänglichen Mittel zu solcher, sich auf eine genügende Art auszuweisen vermögen.

2. *Eigentliche ausländische Handwerksbursche, welche unverdächtige, in glaubwürdiger Form ausgestellte, und von der Polizei-Obrigkeit bestätigte Handwerkskundschaften aufzuweisen im Stande sind, dürfen zwar an der Grenze eingelassen werden, jedoch mit der Vorsichts-Maßregel:*
   a) daß ihre obrigkeitlich bestätigte Kundschaft von der Handwerkszunft des Orts, wo sie das leztemal in Arbeit gestanden sind, in der Regel nicht über 4 Wochen alt seyn dürfen; damit bloße Vagabunden von den wirklich auf Arbeit wandernden Gesellen unterschieden werden;
   b) daß denjenigen, welche gar kein Reisegeld, oder solches nicht im wahrscheinlich hinlänglichen Grade besizen, von der ersten diesseitigen Polizei-Obrigkeit ihres Eintritts, eine Marschroute über den nächsten Weg auf ihre Heimath zu, unentgeldlich ausgestellt werden solle, welche sie sodann bei Strafe, als Vagabunden behandelt zu werden, genau einzuhalten verbunden sind.

Es haben sich sämtliche Polizei-Behörden Unseres Königreichs hiernach pünktlich zu achten, und überhaupt die Aufsicht auf durchwandernde fremde Handwerksbursche strenge zu handhaben.

München den 2. Juli 1812.

Aus Seiner Majestät des Königs Spezial-Vollmacht.
Graf von Montgelas.
Auf königlichen allerhöchsten Befehl
der General-Sektretär
F. Kobell.

(Verordnung vom 2. Juli 1812, RBl. Sp. 1309)

32.
Privilegium für eiserne Kunststraße und Wagen
(1815)

Ein Patentrecht zum Schutz von Erfindungen gab es in Bayern in der ersten Hälfte des 19. Jahrhunderts noch nicht. Im Einzelfall konnte der König einem Erfinder für eine bestimmte Erfindung und für eine gewisse Frist ein so genanntes Privileg erteilen.

Das ist hier für eine »neu erfundene eiserne Kunststraße mit Wagen« auf die Dauer von 25 Jahren geschehen. Mit dieser Erfindung kündigt sich für Bayern bereits das Eisenbahnzeitalter an.

Joseph von Baader war ein Ingenieur und Unternehmer, der am Bau der Soleleitung von Berchtesgaden nach Rosenheim beteiligt war und sich zu Studienzwecken auch eine Zeitlang in England aufhielt.

Unser OberBergrath Joseph von Baader hat bei Uns das Gesuch gestellt, ihm ein auschließendes Privilegium über die von ihm, nach einem vorgelegten Modell, neu erfundene eiserne Kunststrasse und Wagen zu ertheilen.

Wir haben beschlossen, dieses Gesuch zu gewähren; bewilligen demnach gedachtem von Baader das gebetene ausschließende Privilegium auf den Zeitraum von zwanzig und fünf Jahren, und gebieten, daß Niemand in Unserem Reiche, während der Dauer dieses Privilegium, ihn hierin auf irgend eine Art bei Vermeidung einer Geldbuße von hundert Dukaten, halb dem Aerar, halb dem Erfinder fällig, beeinträchtige.

Es soll dieses jedoch den Rechten Dritter, welche diese nämliche eiserne Kunststrasse und Wagen schon früher erfunden, oder im Besize dieser Erfindung sich befunden haben sollten, unnachtheilig seyn.

Gegeben in Unserer Haupt- und Residenzstadt München am sieben und zwanzigsten April im Jahre Ein tausend acht hundert und fünfzehn.

Max Joseph.

Graf von Montgelas.
Auf königlichen allerhöchsten Befehl
der GeneralSekretär
F. v. Kobell.

(Bekanntmachung vom 27. April 1815, RBl. Sp. 352)

33.
Schussgeld für die Erlegung eines Wolfes
(1815)

Wölfe waren offenbar in jener Zeit in Bayern noch so weit verbreitet, dass der König für ihre Erlegung ein Schussgeld von 75 Gulden aussetzte.

Das war damals ein sehr hoher Betrag. Ein Knecht erhielt zur gleichen Zeit bei freier Unterkunft und Verpflegung einen Monatslohn von etwa 40 Gulden.

Seine königliche Majestät geruhten unterm 19. Mai l. J. allergnädigst zu bestimmen, daß künftig für die Erlegung eines Wolfs 75 fl. Schußgeld aus der ZentralStaatskasse bezahlt werden sollen. Diese allerhöchste Bestimmung wird hiemit zur öffentlichen Kenntniß gebracht.

(Bekanntmachung vom 19. Mai 1815, RBl. Sp. 430)

34.
Privilegium für Alois Senefelder
(1818)

Drei Jahre nach Joseph von Baader (Text Nr. 32) erhielt Alois Senefelder ein Privileg für seine neu erfundene Druckmaschine mit Metallplatten, allerdings nur auf die Dauer von 6 Jahren. Schon vorher hatte Senefelder, der ursprünglich Schauspieler gewesen war, die Lithographie, also den Steindruck, erfunden. Er eröffnete in der Graphik eine neue Epoche.

Nachdem Uns die Bitte vorgelegt worden ist, dem Lithographen Alois Senefelder dahier für seine neu erfundene Druck-Maschine mit Metall-Platten ein ausschließendes Privilegium zu bewilligen, und Unsere Academie der Wissenschaften dieses Gesuch, nach näherer Prüfung, zur Willfahrung begutachtet hat, so ertheilen Wir hiermit dem gedachten Lithographen Alois Senefelder das nachgesuchte Privilegium auf sechs Jahre, und wollen, und gebieten hienach, daß Jedermann sich enthalten soll, ohne des Erfinders Einwilligung, die erwähnte Druck-Maschine zu verfertigen, nachzumachen, und zu verkaufen, bey Vermeidung einer Geldbuße von Einhundert Dukaten, halb für Unser königliches Aerar, und halb für den Besitzer dieses Privilegiums; alles dieses jedoch unbeschadet der allenfallsigen Rechte eines Dritten, und insbesondere derjenigen, welche sich als frühere Erfinder ausweisen könnten, oder die Erfindung selbst noch wesentlich verbessern würden.

Gegeben in Unserer Haupt- und Residenzstadt München den zwey und zwanzigsten Januar im Jahre Eintausend Achthundert und Achtzehen.

Max Joseph.
(L.S.)

Graf von Thürheim.
Auf Königlichen Allerhöchsten Befehl
der General-Secretaire
F. v. Kobell.

(Bekanntmachung vom 22. Januar 1818, RBl. Sp. 109)

35.
Vollmacht des Königs anlässlich einer Badereise
(1819)

Gut hausväterlich klingt die Begründung, die der König hier für eine vorübergehende Abwesenheit aus Bayern gibt: nämlich den Gebrauch des für die Erhaltung der Gesundheit notwendigen, im Ausland gelegenen Mineralbades. Soweit sich das noch feststellen lässt, reiste der König in das im damaligen Großherzogtum Baden gelegene Baden-Baden.

Die Mitteilung über seine mehrwöchige Abwesenheit und die Erteilung einer Vertretungsvollmacht für das Gesamtstaatsministerium richtete der König an die Kammer der Reichsräte und an die Kammer der Abgeordneten, die man damals als die »Stände des Reichs« bezeichnete. Der Kammer der Reichsräte gehörte man kraft Geburt – so z. B. die Prinzen des königlichen Hauses und die Oberhäupter der früheren reichsständischen fürstlichen und gräflichen Familien –, kraft Amtes – so die obersten Kronbeamten – oder auf Grund Berufung durch den König an. Die Kammer der Abgeordneten setzte sich aus Persönlichkeiten zusammen, die zum kleineren Teil – so etwa von den Universitäten – entsandt und zum größeren Teil in offener Abstimmung aus einem sehr beschränkten Kreis von Wahlberechtigten gewählt wurden. Beide Kammern mussten der Bewilligung von Steuern zustimmen und waren auch an der Gesetzgebung beteiligt.

Mitgezeichnet haben die Mitteilung alle seinerzeitigen Staatsminister, zu denen Fürst von Wrede als Staatsminister ohne Geschäftsbereich gehörte. Bei Wrede handelt es sich um den Feldmarschall, dessen Denkmal in der Münchner Feldherrnhalle neben dem des Grafen Tilly steht. Nach einer alten Münchner Redensart war von den beiden der eine kein Feldherr und der andere kein Bayer. Wrede war Bayer.

Vollmacht

Maximilian Joseph,
von Gottes Gnaden König von Baiern.

Unsern Gruß zuvor, Liebe und Getreue, Stände des Reichs! Da Wir zum Gebrauche des für die Erhaltung Unsrer Gesundheit jährlich nothwendigen Mineralbades eine Reise in das Ausland antreten, und einige Wochen aus Unsern Staaten abwesend seyn werden, so haben Wir während dieser Abwesenheit Unserm Gesammt-Staats-Ministerium Vollmacht ertheilt, die von Unsern Ständen an Uns zu bringenden gemeinschaftlichen Beschlüße, welche schriftlich an dasselbe zu senden sind, in Unserm Namen zu empfangen, und überhaupt für die Handhabung der Verfassung in allen ihren Vorschriften sorgfältig zu wachen.

Wovon Wir Unsere lieben und getreuen Stände des Reichs in Kenntniß setzen, und denselben mit Königlichen Hulden und Gnaden gewogen verbleiben.

München am 30sten Juni 1819.

Max Joseph.

Graf v. Reigersberg. Fürst v. Wrede. Graf v. Triva.
Graf v. Rechberg. Graf v. Thürheim. Freyherr v. Lerchenfeld.
Graf v. Törring.

Nach dem Befehle Seiner Majestät des Königs:
Egid v. Kobell.

(Bekanntmachung vom 30. Juni 1819, GBl. Sp. 29)

36.
Regierungsantritts-Erklärung König Ludwigs I.
(1825)

Die Erklärung ist noch im Duktus des vorangegangenen Jahrhunderts abgefasst und hat im Wesentlichen formellen Charakter. Programmatische Aussagen enthält sie nicht. Die Herleitung des Königsamtes aus der Gnade Gottes und die Gehorsams- und Treuepflicht aller Stände, Bürger und Untertanen gegenüber der von Gott verordneten Landesherrschaft und Obrigkeit wird ausführlich artikuliert. Hingegen wird die Tatsache, dass der König zuvor einen Eid geleistet hat, nach der Verfassung und den Gesetzen zu regieren, nur knapp und nur durch die Bezugnahme auf den einschlägigen Verfassungsartikel erwähnt.

Die Sammlung enthält auch die Thronverzichtserklärung Ludwig I. vom März 1848 (Text Nr. 48).

Regierungs- und Intelligenz-Blatt für das Königreich Bayern.

Wir Ludwig
von Gottes Gnaden König von Bayern.

Entbiethen Männiglich Unsern Gruß und Königliche Gnade zuvor.

Nachdem der allmächtige Gott nach seinem unerforschlichen Rath und Willen den allerdurchlauchtigsten großmächtigsten König und Herrn Maximilian Joseph König von Bayern, Unseres vielgeliebten und hochverehrtesten Herrn Vaters Königliche Majestät, aus dieser Zeitlichkeit abgefordert hat, und durch diesen hohen Todsfall das Königreich Bayern in der Gesammtvereinigung aller seiner ältern und neuern Gebiethstheile nach den Bestimmungen der Verfassungs-Urkunde auf den Grund der Staats- und Haus-Verträge Uns als nächstem Stammfolger nach dem Rechte der Erstgeburt und der agnatisch-linealen Erbfolge angefallen ist, und Wir davon vollständigen Besitz ergriffen und die Regierung des Königreichs angetreten haben;

Als wollen Wir Uns zu sämmtlichen Ständen, Bürgern und Unterthanen in den Städten und auf dem Lande, auch allen Bediensteten und überhaupt allen Unserer Erblande Angehörigen, welchen Standes, Würde und Wesens sie immer seyn mögen, gnädigst versehen, daß Sie Uns von nun an für ihren rechtmäßigen und einzigen Landesherrn so willig als pflichtmäßig erkennen, Uns unverbrüchliche Treue und unweigerlichen Gehorsam leisten, sofort in allen Stücken sich, wie es pflichtbewußten Unterthanen gegen ihre von Gott verordnete Landes-Herrschaft und Obrigkeit gebührt, gegen Uns bezeigen werden.

Wir geben denselben dagegen zu erkennen, daß Wir den im Titl. X. §. 1. der Verfassungs-Urkunde enthaltenen Eid bereits abgelegt haben.

Damit aber durch diesen Todsfall der Gang der Regierungs- und Justizgeschäfte nicht unterbrochen werde, oder zum Schaden des gemeinen Wesens einiger Aufenthalt entstehe, so ist Unser Befehl, daß sämmtliche Collegien und Behörden im ganzen Königreiche ihre Verrichtungen provisorisch und bis auf Unsere nähere Bestimmung gebührend und nach ihren aufhabenden Amtspflichten fortsetzen, die amtlichen Ausfertigungen von nun an unter Unserem Namen und Titel, wo solches vorgeschrieben ist, erlassen, bei der Siegelung aber sich der bisherigen Siegel so lange, bis Ihnen die neu zu verfertigenden werden zugestellt werden, bedienen sollen.

Wir wollen alle Bedienstete an den von Ihnen geleisteten Verfassungs- und Dienst Eid besonders erinnert haben, und versehen Uns gnädigst, Unsere gesammten Stände, Unterthanen und Diener werden dieser ersten von Uns als ihrem angebohrnen rechtmäßigen Landesherrn an sie gerichteten Aufforderung sich treugehorsamst fügen, wogegen Wir Ihnen mit Königlicher Huld und Gnade wohl beigethan verbleiben.

Gegeben in Unserer Haupt- und Residenz-Stadt München, den drey und zwanzigsten October achtzehnhundert fünf und zwanzig.

Ludwig.

(Bekanntmachung vom 23. Oktober 1825, RBl. Sp. 763)

37.
Wirkungskreis der Staatsministerien (1825)

Diese Verordnung, die sich mit der Organisation und der Zuständigkeit sowie mit dem Geschäftsgang der Staatsministerien beschäftigte, erließ König Ludwig I. sogleich nach seinem Regierungsantritt. Die nachstehende Bestimmung ist ein Auszug daraus.

Der Grundsatz, dass sich die Ministerien nur mit der obersten Aufsicht und Leitung in ihrem Geschäftsbereich zu befassen hätten und die Details der Verwaltung untergeordneten Behörden überlassen sollten, ist seitdem immer wieder beschworen worden. Zuletzt wieder einmal im Zusammenhang mit dem Umzug der Bundesregierung von Bonn nach Berlin. Tatsächlich verwirklicht wurde er jedoch zu keiner Zeit – auch nicht zur Zeit König Ludwigs I. Dafür war die Versuchung, von den Ministerien aus auch in Einzelheiten des Vollzugs einzugreifen, stets zu stark. Gelegentlich wird solches Eingreifen auch aus der Mitte des Parlaments verlangt. Vielleicht findet sich in der Bestimmung deshalb in kluger Voraussicht die Einschränkung, es solle »in der Regel« so verfahren werden.

§. 20.

Unsere Ministerien sollen sich in der Regel nur mit der obersten Aufsicht und Leitung der zu ihrem Ressort gehörigen Geschäftszweige befassen; das Detail der Verwaltung aber den ihnen untergeordneten Stellen und Behörden überlassen. – Zu diesem Behufe werden Wir die Instructionen sämmtlicher Stellen und Behörden successive einer durchgreifenden Revision unterwerfen, und hiebey die Competenz derselben näher bestimmen.

§. 21.

Jedes Ministerium wird in Zukunft die Etats über den erforderlichen Aufwand für die seiner Leitung übergebenen Dienst-Zweige selbst anfertigen, und die hiezu nöthigen Materialien durch die ihm unmittelbar untergeordneten Stellen rechtzeitig vorbereiten lassen.

(Verordnung vom 9. Dezember 1825, RBl. Sp. 977)

38. Ordensverleihung an den Staatsminister von Goethe (1827)

Ludwig I. schätzte Goethe und stand mit ihm bis zu dessen Tode in Verbindung. 1828 entsandte er Joseph Karl Stieler nach Weimar, der dort das bekannte Portrait Goethes malte. Schon zur Zeit König Max' I. bat man Goethe um den Text für eine Inschrift über dem Tor des alten Botanischen Gartens an der Elisenstraße. Auf Grund seines Vorschlags steht dort heute noch zu lesen:

FLORUM DAEDALAE TELLURIS
GENTES DISSITAE
MAXIMILIANI JOS. R. NUMINE CONSOCIATAE

Zu Deutsch sinngemäß: Günstig der Wissenschaft gebot Maximilian Josef, König von Bayern, die in der Natur zerstreuten Pflanzen kunstgemäß hier zu vereinigen. In seinen Gesprächen mit Eckermann hat sich Goethe wiederholt lobend über Ludwig I. und auch über München ausgesprochen.

Der Zivil-Verdienstorden der Bayerischen Krone wurde von Max I. im Jahre 1808 gestiftet und war in der Stufe des Großkreuzes mit dem persönlichen Adel verbunden. Nach dem Stiftungserlass war der Orden »zur Auszeichnung jedes Eingeborenen bestimmt, welcher dem Staate vorzügliche Dienste geleistet, sich durch höhere bürgerliche Tugenden ausgezeichnet oder um den Ruhm und Nutzen des Vaterlandes besonders verdient gemacht hat.« Wie das Beispiel zeigt, wurde er offenbar aber auch an Nicht-Eingeborene, also an Ausländer verliehen.

Der König überreichte Goethe diese Auszeichnung an seinem 78. Geburtstag.

Se. Königliche Majestät haben unterm 28. Aug. d. J. bey Gelegenheit eines bey des Hrn. Großherzogs von Sachsen-Weimar, Königliche Hoheit, abgestatteten Besuchs, dem großherzoglichen Staatsminister von Göthe, zum neuen Merkmale der huldvollsten Anerkennung seiner vielseitigen großen Verdienste um deutsche Kunst und Literatur, das Großkreuz des Civil-Verdienst-Ordens der Bayerischen Krone höchsteigenhändig zu verleihen allergnädigst geruht.

(Bekanntmachung vom 28. August 1827, RBl. Sp. 622)

39.
Behandlung anonymer Eingaben
(1830)

Anonyme Anzeigen gab es wahrscheinlich schon im alten Ägypten und ganz sicher in römischer Zeit. Auch heute sind sie durchaus im Schwange.

Es ist auch zweifelhaft, ob sie seinerzeit nach der Anordnung Ludwig I. wirklich alle ungelesen vernichtet worden sind. Da dürfte schon die menschliche Neugierde dagegen gestanden haben. Die Anzeigen, die zu dieser Anordnung Anlass gaben, sind jedenfalls wohl auch vom König selbst gelesen worden. Sonst hätte man ja nicht so konkrete Vermutungen über die berufliche Tätigkeit der Verfasser anstellen können.

Seit einiger Zeit kommen Uns wiederholt anonyme Eingaben und Anzeigen zu, die Unser Mißfallen um so mehr erregen mußten, da deren Verfasser nach dem Inhalte und deren eigener Angabe bey der Rechtspflege angestellt seyn sollen. So gerne Wir jeder mit Offenheit gemachten und mit Gründen belegten Anzeige jederzeit Gehör geben werden, so wenig können Wir solchen namenlosen Anschuldigungen irgend einen Werth beylegen und werden daher dieselben ungelesen vernichten. Am meisten aber versehen Wir Uns zu Unsern Justizbeamten, daß dieselben, wenn sie Uns eine Anzeige zu machen haben, solches mit Offenheit, nicht unter der Hülle der Namenlosigkeit, thun, und hierdurch beweisen werden, daß sie des Vertrauens, welches Wir in sie setzen, würdig sind, und sich nur von Rechtsliebe, nicht von Selbstsucht, bestimmen lassen.

Berchtesgaden, den 24. August 1830.
Ludwig.

(Bekanntmachung vom 24. August 1830, RBl. Sp. 1056)

40. Bildung politischer Vereine (1832)

Das ist eine für die politische Atmosphäre in Bayern während des sogenannten Vormärz – das heißt in der Zeit vor der bürgerlichen Revolution des Jahres 1848 – besonders aufschlussreiche Verlautbarung. Sie zeigt, wie eng begrenzt die Möglichkeiten zur politischen Mitwirkung damals waren. Dergleichen stehe nicht den »Verwalteten« – so werden die Staatsbürger an einer Stelle bezeichnet –, sondern nur den gesetzlichen Organen zu, also dem Reichsrat und der Kammer der Abgeordneten. Die Gründung politischer Vereine – gemeint sind nach heutigem Verständnis politische Parteien – verstoße ebenso wie die Beteiligung an ihnen gegen die Verfassung und müsse notfalls mit strafrechtlichen Mitteln bekämpft werden. Staatsdienern, die sich an solchen Aktivitäten beteiligen, wird die Entlassung angedroht. Ein früher Radikalenerlass also! Etwas verklausuliert wird auch die Presse davor gewarnt, sich der öffentlichen Interessen in einer der Obrigkeit unerwünschten Weise anzunehmen.

Insgesamt wird hier gegenüber allen demokratischen Bestrebungen eine durchaus reaktionäre Haltung sichtbar. Anlass, sie so deutlich zu äußern, waren wohl demokratische Aktivitäten, die vom Würzburger Bürgermeister Behr ausgingen, und entsprechende Vorgänge in der Pfalz, die im Mai 1832 im Hambacher Fest ihren Höhepunkt fanden. Ludwig I., der zu dieser Zeit seine vorher eher liberale Haltung nachhaltig veränderte, fürchtete offenbar ernsthaft um den Bestand der Monarchie. Schon vorher hatte er die Pressezensur wieder eingeführt. In der Folgezeit kam es zu einer Vielzahl politischer Prozesse, bei denen auch Todesurteile gefällt wurden.

Die Verfassung Unseres Reichs und die in deren Folge erlassenen Gesetze sprechen sich genau über die Organe aus, durch welche die Mitwirkung der Staatsangehörigen zu den öffentlichen Angelegenheiten und die Gewähr constitutioneller Rechte statt finden soll.

Eben so findet die freye Benützung der Presse ihre Directiven und Grenzlinien in der dritten Verfassungsbeylage.

Wir betrachten das, aus dem freyen Entschluße Unseres vielgeliebten Herrn Vaters Majestät hervorgegangene Grundgesetz des Bayerischen Staates als ein heiliges Unterpfand wechselseitiger Liebe und wechselseitigen Vertrauens zwischen Thron und Volk. Wir werden dasselbe stets gewissenhaft vollziehen, und die in ihm begründeten öffentlichen Freyheiten treu und unverfälscht auf Unsere Nachkommen übertragen. Dessen ist Unsere Denkungsweise, dessen ist insbesondere der Eid Bürge, den Wir bey Antritt Unserer Regierung feyerlich abgelegt haben.

Eben deshalb aber können Wir nicht gestatten, daß eine, nur den gesetzlichen Organen der Verwalteten in ihren gesetzlichen Schranken zukommende Befugniß von Dritten in Anspruch genommen oder daß wohl gar durch willkührliche, dem Gesetze fremde Verbindungen die Rechte gekränkt werden, welche der Tit. X. der Verfassungs-Urkunde in Bezug auf die Gewähr der Verfassung überhaupt und der gesetzlichen Benützung der Presse insbesondere, als ausschließliches Vorrecht der Stände bezeichnet.

Die Bayerische Verfassung räumt den Staatsbürgern nirgends das Recht ein, politische Associationen in willkührlicher Weise einzugehen, und neben den bestehenden Staatsbehörden, Communalbehörden und Representativkörpern einen gegliederten Organism für politische Zwecke mit förmlichen Geldbeyträgen und leitenden Comités über ganze Kreise oder über die Gesammtmonarchie zu verbreiten, vielmehr ist vor, wie nach dem Erscheinen der Verfassung die Bildung jedes Vereines, ohne Ausnahme, von vorgängiger Ueberreichung der Statuten und von der Genehmigung der Staatsregierung abhängig geblieben.

Da nun in neuester Zeit mannichfache Versuche entgegen-

gesetzter Art statt gefunden haben und noch täglich statt finden, so sehen Wir Uns durch Unsere Regenten-Pflichten aufgefordert, nach Vernehmung Unseres Gesammt-Ministeriums, Unsere Stellen und Behörden, so wie sämmtliche Staatsangehörige auf die verfassungsmäßige und gesetzliche Begrenzung der Theilnahme an der Vertretung öffentlicher Interessen hinzuweisen, und jeden Versuch der bezeichneten Art alles Ernstes zu untersagen.

Wir zweifeln nicht, es werde blos einer Abmahnung bedürfen, um sämmtliche Staatsbürger von Gründung solcher Vereine und von der Theilnahme an denselben abzuhalten.

Sollten jedoch wider alles Erwarten Einzelne die Stimme des Gesetzes von sich weisen wollen, so werden Unsere Stellen und Behörden gegen die Urheber und Teilnehmer mit aller Kraft ihrer gesetzlichen Amtsbefugnisse vorschreiten, so wie selbe überhaupt gegen jene Vereine aus deren Ankündigungen, Aufrufen, Verhandlungen und sonstigen Verhältnissen ein der Verfassung des Reiches oder der Souverainität des Bayerischen Staates zuwiderlaufendes Bestreben hervorgeht, unter den gesetzlichen Voraussetzungen die strafrechtliche Cognition, und insbesondere gegen die der Theilnahme überwiesenen Staats- und öffentlichen Diener bey den vorgesetzten Stellen das in der Verordnung vom 13. September 1814 ausdrücklich ausgesprochene Präjudiz der Entsetzung vom Dienste hervorrufen werden.

(Bekanntmachung vom 1. März 1832, RBl. Sp. 181)

41.
Gebührenordnung der chirurgischen Bader (1836)

Diese Gebührenordnung ist deshalb interessant, weil aus ihr hervorgeht, welche medizinischen Leistungen zu der Zeit nicht von Ärzten, sondern von sogenannten chirurgischen Badern erbracht wurden. Diese mussten damals vor der staatlichen Approbation eine mehrjährige Lehr- und »Servier«zeit und dann eine viersemestrige Ausbildung an einer sogenannten Baderschule absolvieren, an der Universitätsprofessoren unterrichteten. Später wurden die Anforderungen vermindert, da auch auf dem Land mehr Ärzte zur Verfügung standen. Viele Bader übten in der Folgezeit ihre Tätigkeit neben einem anderen Beruf, so vor allem dem des Friseurs, aus. Als der Berufsstand um 1900 seinen Höhepunkt erreichte, gab es in Bayern rund 2500 Bader. 1938 wurde der Zugang zum Baderberuf geschlossen. Die letzten Bader arbeiteten noch in den 70er Jahren in der Oberpfalz.

		Von		*bis*	
		fl.	*kr*	*fl.*	*kr.*
59)	*Für die Applikation eines trockenen Schröpf-Kopfes*	*–*	*2*	*–*	*4*
	Für jeden folgenden die Hälfte.				
60)	*Für die Applikation der Schröpf-Maschine*	*–*	*6*	*–*	*12*
61)	*Für einen Aderlaß am Arme oder Fuße*	*–*	*12*	*–*	*24*
62)	*Außer dem Preise der Blutegel für das Setzen eines jeden*	*–*	*3*	*–*	*4*
63)	*Die Skarifikation mit dem Messer*	*–*	*12*	*–*	*24*
64)	*Das Legen eines Blasenpflasters oder Senf-Umschlages*	*–*	*6*	*–*	*24*
65)	*Die Auflegung eines Seidelbastes*	*–*	*12*	*–*	*24*

66) Das Setzen einer Fontanelle	–	20	–	30
67) Das Setzen eines Haarseiles	–	36	1	–
68) Setzen eines Klystiers	–	12	–	24
69) Das Setzen eines Tabackrauch-Klystiers	–	24	–	40
70) Infektionen in irgend einer Höhle, oder einem Kanal	–	12	–	24
71) Das Oeffnen eines Abscesses	–	15	–	30
72) Die Ausrottung eines Leichdorns, einer Warze oder kleiner Auswüchse	–	30	1	–
Bei mehreren nur die Hälfte.				
73) Die Stillung des Nasen-Blutens	–	24	–	36
Wenn Instrumente dazu nöthig	1	–	2	–
74) Das Abzapfen des Urins:				
a) bei Männern	–	30	1	–
b) bei Weibern	–	15	–	24
Bei Wiederholungen die Hälfte.				
75) Die Anwendung des Aetzsteines	–	12	–	24
76) Den ersten Verband einer einfachen Wunde, den Besuch mit einbegriffen	–	20	1	–
77) Den ersten Verband einer complicirten Wunde mit Knochenfraß, Brand etc., den Besuch mit eingerechnet	–	30	1	12
78) Für jeden, obigen Verrichtungen nachfolgenden Besuch:				
a) bei Tage	–	9	–	12
b) bei Nacht	–	15	–	24
c) über Land von der Stunde Hin- und Herganges	–	15	–	24

(Verordnung vom 31. März 1836, RBl. Sp. 227)

42.
Statuten der Ludwigs-Eisenbahngesellschaft zu Nürnberg
(1839)

Die Eisenbahn zwischen Nürnberg und Fürth wurde im Dezember 1835 – allerdings noch mit einer englischen Lokomotive – eröffnet. Sie war die erste Eisenbahn auf deutschem Boden und verkehrte auf der ursprünglichen Gleistrasse bis 1922. Dann pachtete die Nürnberger Straßenbahn die Strecke und richtete 1927 auf der Trasse der Ludwigsbahn eine Schnellstraßenbahn ein. Betrieben wurde die Bahn anfänglich von einer privaten Aktiengesellschaft, der der König die Führung seines Namens gestattete. Er genehmigte ihr auch die hier auszugsweise abgedruckten Statuten. Der wiedergegebene Artikel lässt vermuten, dass sich der Geschäftsanfall zunächst in Grenzen hielt. Sonst hätte der Direktor wohl nicht alle Posteinläufe persönlich öffnen können.

Die Formel »durch den Minister der Generalsekretär«, die hier erstmals in der Sammlung erscheint, ist für den heutigen Sprachgebrauch nicht leicht verständlich. Gemeint ist wohl, dass der König dem Generalsekretär – er war der höchste Beamte des jeweiligen Ministeriums – auf dem Wege über den Minister die Publikation der Bekanntmachung oder Vorschrift anbefohlen hat.

In Gemäßheit Allerhöchster Bestimmungen werden die Statuten der Ludwigs-Eisenbahngesellschaft zu Nürnberg, wie solche unter dem 14. April 1837 die Allerhöchste Genehmigung erhalten haben, nachstehend zur öffentlichen Kenntniß gebracht.

München, den 29. März 1839

Auf Seiner Königlichen Majestät
Allerhöchsten Befehl

Frhr. v. Gise. *v. Wirschinger* *v. Abel.*
Durch den Minister
der General-Secretär:
F. v. Kobell

Befugnisse und Obliegenheiten des Directors insbesondere.

Artikel XX.

Der Director – eventuell sein Stellvertreter – giebt die Initiative zu allen Geschäften und wacht über alle.

Insonderheit
1) *ordnet er die ordentlichen und außerordentlichen Sitzungen des Directoriums an und führt darin den Vorsitz;*
2) *läßt er die Sitzungsbeschlüsse in das Journal oder Protokollbuch durch den Secretär eintragen und von den Abstimmenden unterzeichnen;*
3) *empfängt und erbricht er alle Einläufe an die Gesellschaft und erstattet darüber entweder unmittelbaren Vortrag in der Sitzung oder theilt sie zu diesem Behufe einem Mitgliede des Directoriums zu;*
4) *unterzeichnet er alle Ausfertigungen. Urkunden und sonstige Ausfertigungen, durch welche fremde Personen Rechte oder Verbindlichkeiten erwerben, sind außerdem noch von wenigstens zwei Mitgliedern des Directoriums mitzuunterzeichnen;*

5) *controlirt er das Betragen aller im Dienste der Gesellschaft Angestellten, hört die Beschwerden und Wünsche des Publicums und trifft in dringenden Fällen die nöthigen Maaßregeln mit Vorbehalt der weiteren Beschlüsse des Directoriums.*

(Bekanntmachung vom 29. März 1839, RBl. Sp. 225)

43.
Uniform der königlichen Hofmaler
(1839)

Nicht nur die Landgerichtsärzte (Text Nr. 16), auch die königlichen Hofmaler hatten eine eigene Uniform! Um aber den Rangunterschied gegenüber den Professoren der Akademie der bildenden Künste nicht zu verwischen, wurden ihnen nur silberne Knöpfe gestattet. So fein wusste man damals zu differenzieren.

Seine Majestät der König haben Sich vermöge allerhöchster Entschließung d.d. Rom den 16. Mai l. J. allergnädigst bewogen gefunden, den königlichen Hofmalern eine Uniform zu bewilligen und hiezu genau dieselbe, welche die Professoren der Akademie der bildenden Künste tragen, mit der Abänderung jedoch zu bestimmen, daß Stickerei, Knöpfe u.s.w. der neuen Uniform der königlichen Hofmaler nicht wie bei jener von Gold, sondern von Silber seyn sollen.

(Bekanntmachung vom 16. Mai 1839, RBl. Sp. 361)

44.
Verwendung der schulpflichtigen Jugend in Fabriken
(1840)

Dass es in Bayern wie auch in anderen deutschen Staaten und vor allem in Großbritannien noch um die Mitte des letzten Jahrhunderts Kinderarbeit gab, ist uns Heutigen kaum mehr bewusst. Aber es war so und diese Verordnung ließ ausdrücklich zu, dass Kinder vom vollendeten 9. Lebensjahr an bis zu zehn Stunden täglich in Fabriken, ja sogar in Bergwerken arbeiteten. Wohl war Kinderarbeit auch in der Landwirtschaft durchaus üblich und blieb das auch noch lange Zeit. Und es ist sogar anzunehmen, dass der Art. III der Verordnung gegenüber dem früheren Zustand, bei dem noch nicht einmal die dort normierten Voraussetzungen beachtet werden mussten, einen gewissen Fortschritt darstellte. Dennoch ist es von heute her gesehen nicht leicht zu verstehen, warum damals die Fabrikarbeit von 10-, 11- und 12-jährigen Kindern offenbar allgemein hingenommen wurde. Es hat dann noch über 60 Jahre gedauert, bis die Beschäftigung von Kindern unter 13 Jahren im Jahre 1903 durch ein Reichsgesetz für das gesamte Deutsche Reich gänzlich verboten wurde. In vielen Teilen der Welt gibt es Kinderarbeit entgegen allen internationalen Vereinbarungen auch heute noch.

Wir haben in Erwägung jener Nachtheile, welche eine allzufrühzeitige, mit übermäßiger Anstrengung, sowie mit Vernachläßigung des Schul- und Religions-Unterrichtes verbundene Beschäftigung der werktagsschulpflichtigen Jugend bei Fabriken und größeren Gewerken, in Hinsicht auf die Gesundheit, geistige und körperliche Entwicklung solcher Kinder herbeizuführen pflegt, in dieser Beziehung – auf so lange Wir nicht anders verfügen, – nachfolgende Bestimmungen zu treffen beschlossen.

Art. I.

Kein Kind soll vor dem zurückgelegten neunten Lebensjahre in Fabriken oder in Berg-, Hütten- und Schlagwerken, zum Zwecke einer regelmäßigen Beschäftigung aufgenommen werden.

Art. II.

Die Aufnahme eines Kindes zu diesem Zwecke, nach dem neunten Lebensjahre, darf nur auf dem Grunde eines gerichtsärztlichen Zeugnisses über körperliche Tauglichkeit für die bevorstehende Art der Beschäftigung und über die Nichtgefährdung der Gesundheit und der weiteren physischen Entwicklung durch dieselbe, dann eines Zeugnisses der Local-Schulinspection über bisherigen fleißigen Schulbesuch und die Erwerbung der für das neunte Lebensjahr vorgeschriebenen Kenntnisse geschehen.

Art. III.

Die Arbeitszeit für Kinder vom neunten bis zum zwölften Jahre wird auf das Maximum von zehn Stunden des Tages festgesetzt.

Dieselbe hat niemals vor 6 Uhr Morgens zu beginnen, und spätestens um 8 Uhr Abends zu enden.

Auch ist diesen Kindern täglich zur Mittagszeit eine volle Stunde, etwa von 11 bis 12 Uhr, nach eines jeden Ortes Sitten und Gebräuchen, dann im Laufe der Vor- und Nachmittags-Zeit nebstdem noch jedesmal eine halbe Stunde zur Erholung zu geben, und hiebei Bewegung außer der Anstalt zu gestatten.

Art. VIII.

Den betreffenden Polizei- und Schul-Behörden machen Wir es zur besonderen Pflicht, die in ihrem Bezirke gelegenen Fabriken und Gewerke in der angedeuteten Beziehung mit vorzüglicher Sorgfalt zu überwachen, wahrgenommene Mißstände ungesäumt zu beseitigen und gegen Verletzung der gegebenen Vorschriften unnachsichtlich einzuschreiten.

Unser Ministerium des Innern ist mit der Bekanntmachung und dem Vollzuge gegenwärtiger Verordnung beauftragt.

(Verordnung vom 15. Januar 1840, RBl. Sp. 97)

45. Unterdrückung des Sklavenhandels (1845)

Sklaven gab es im Königreich Bayern und auch sonst im Deutschen Bund nicht. Auch über eine bayerische Beteiligung am Sklavenhandel ist nichts bekannt. Der von der Bundesversammlung offenbar aufgrund einer internationalen Vereinbarung gefasste und von Bayern übernommene Beschluss hatte deshalb kaum praktische Bedeutung.

Mir ist nur ein Fall bekannt, in dem die Frage, ob in Bayern ein Mensch als Sklave angesehen werden könne, öffentlich erörtert wurde. Das war 1820, als der nachmals hoch angesehene Botaniker Karl Friedrich von Martius von einer Brasilien-Expedition zwei Indianerkinder mitbrachte, die schon bald darauf in München starben. Die Frage wurde – selbstverständlich – allgemein verneint.

In Gemäßheit der von Seiner Majestät dem Könige ertheilten Ermächtigung wird vom Justizministerium nachstehende, in der 21. Sitzung der deutschen Bundesversammlung vom 19. Juny laufenden Jahres beschlossene Uebereinkunft, die Unterdrückung des Sclavenhandels betreffend, mit dem Beifügen bekannt gemacht, daß dieselbe nach Maaßgabe der Bestimmungen des Strafgesetzbuches Theil I. Art. 197. bis 200. in Vollzug zu setzen sey:

»In voller und gerechter Anerkennung der Gesinnungen und Grundsätze christlicher Menschenliebe, welche die Höfe von Großbrittanien, Oesterreich, Preußen und Rußland zu dem wegen Unterdrückung des Negerhandels (traité des Nègres) am 20. Dezember 1843 geschlossenen Uebereinkommen veranlaßt haben, und von dem Wunsche beseelt, so viel von ihnen abhängt, auch ihrer Seits zur gänzlichen Ausrottung dieses verbrecherischen Handels mitzuwirken, haben sich

sämmtliche deutsche Regierungen dahin vereinbart, daß von denselben der Negerhandel allgemein verboten werde. Demgemäß soll, wo dießfalls durch bestehende Strafgesetze nicht bereits Fürsorge getroffen ist, der Negerhandel gleich dem Seeraube bestraft, in denjenigen Bundesstaaten aber, deren Gesetzgebung des Seeraubes nicht besonders erwähnt, mit der Strafe des Menschenraubes oder mit einer ähnlichen schweren Strafe belegt werden.«

München den 17. August 1845.

Auf Seiner Majestät des Königs
Allerhöchsten Befehl.
Freiherr von Schrenk.
Durch den Minister, der General-Secretär.
Ministerialrath
von Haller.

(Bekanntmachung vom 17. August 1845, RBl. Sp. 505)

46.
Bekanntmachung über die Dienstkleidung des Post- und Eisenbahn-Personals
(1847)

Schon wieder geht es um Uniformen, diesmal um die des Post- und Eisenbahnpersonals. Für das äußere Ansehen, aber auch für das Selbstgefühl ihrer Träger spielte die Uniform damals eben eine wichtige Rolle. Man beachte die unterschiedliche Gestaltung des auf der Schirmmütze zu tragenden königlichen Namenszuges je nach der Dienstklasse und die subtile Regelung der Frage, wer zur Galauniform Stiefel mit und wer solche ohne Sporen zu tragen hatte. Vielleicht dachte sich der Urheber dieser Unterscheidung: »An ihren Sporen sollt ihr sie erkennen!«

Seine Majestät der König haben durch allerhöchste Entschließung dd. 14. September l. Js., auf so lange Allerhöhst-Dieselben nicht anders verfügen, in Bezug auf die Dienstkleidung des höhern und Abfertigungs-Personals des gegenwärtig vereinigten Post- und Eisenbahndienstes zu bestimmen geruht:

1) daß zur Galla-Uniform, als welche die für die Post bisher vorgeschriebene zu verbleiben hat, von nun an nur von dem ausschließlich im eigentlichen Postdienste verwendeten Personale hohe Stiefel mit Spornen zu tragen seien, während von dem Personale des gemischten Dienstes, wie bei der Central-Verwaltungsstelle selbst, lange weiße Beinkleider über die Stiefel getragen werden und zwar mit Spornen, zum Unterschiede von dem ausschließlich im eigentlichen Eisenbahndienste verwendeten Personale, bei welchem die Spornen, wie bisher, wegzubleiben haben;

2) daß ferner zur Interims-Uniform auf der Schirmmütze statt des bisherigen unterscheidenden Emblems – Posthorns oder beflügelten Rades – gleichmäßig der König-

liche Namenszug nach der beigefügten Zeichnung, entsprechend jeder Dienstklasse, getragen werde.
Hinsichtlich des untern Dienstpersonals dagegen bleiben die bisherigen Bestimmungen über die der Verwendung entsprechender Funktionszeichen durchaus unverändert.

Diese allerhöchsten Anordnungen, nach welchen die Angestellten des Post- und Eisenbahn-Dienstes sich pünktlichst zu achten haben, werden hiemit durch das Regierungsblatt zur öffentlichen Kenntniß gebracht.

München, den 18. September 1847.

Auf Seiner Majestät des Königs
Allerhöchsten Befehl:
von Maurer.

Durch den Minister:
der geheime Sekretär,
Gessele.

General-Verwalter.

Generalverwaltungs-
Räthe.
Ober-Ingenieur.
Ober-Postmeister.

*Generalverwaltungs-
Assessoren.
Maschinenmeister.
Central-Cassier.
Postmeister und
Betriebs-Inspektoren.*

*Central-Casse-Controleur, Secretäre,
Registratoren und Rechnungs-Commissäre,
Oberpostamts-Cassiere,
Special-Cassiere fahrender Posten,
Briefpost-Controleure
und Post-Verwalter,
Bahnamts-Ingenieure,
Bahn-Amts-Cassiere,
zugleich
Bahnhof-Verwalter und
Bahn-Verwalter.*

Post- und Bahn-Expeditoren, Assistenten, Funktionäre und Poststallhalter.

*Offizialen.
Kanzlisten und Oberpostamts-Stallmeister.*

(Bekanntmachung vom 18. September 1847, RBl. Sp. 898)

47.
Anwendung des Chloroforms bei Operationen
(1848)

An dieser Anordnung ist die Unterscheidung zwischen wissenschaftlich gebildeten und förmlich promovierten Ärzten einerseits und dem niederen ärztlichen Personal andererseits von Interesse. Zur zweiten Gruppe gehörten neben den an früherer Stelle bereits erwähnten Badern (Text Nr. 41) die Landärzte und Chirurgen sowie die Hebammen und nicht promovierten Hebärzte. Die Berufsbezeichnung »Chirurg« bedeutete also damals gegenüber der des promovierten Arztes etwas Minderes. Die heutigen Chirurgen würden es sicher nicht gerne hören, wenn man sie wie damals mit den Badern in einem Atemzug nennen wollte. Bemerkenswert schon der Anschaulichkeit wegen die Bezeichnung »Hebarzt«.

Wir haben in der Absicht, die Gefahren für Leben und Gesundheit abzuwenden, welche auch durch eine nicht kunstgerechte Anwendung des Chloroforms gegen die Schmerzen bei chirurgischen Operationen an Menschen eintreten können, beschlossen und verordnen, auf solange Wir nicht anders verfügen, was folgt:

I.

Die Anwendung der Einathmung des Chloroforms gegen die Schmerzen bei chirurgischen Operationen an Menschen soll fortan ausschließlich nur wissenschaftlich gebildeten und förmlich promovirten Aerzten zugestanden, dagegen dem niedern ärztlichen Personale, d. i. allen Badern, Landärzten und Chirurgen, dann solchen Zahnärzten, die nicht promovirte Aerzte sind, ferner allen Hebammen und nicht promovirten Hebärzten untersagt werden.

III.

Uebertretungen der vorstehenden Anordnungen sind nach Maßgabe der über Polizeystrafen bestehenden Gesetze und Verordnungen mit angemessenen Geldbußen oder mit Polizey-Arrest zu beahnden.

Unser Ministerium des Innern ist mit dem Vollzuge beauftragt.

München, den 22. Januar 1848.

Ludwig

v. Berks,
Staatsrath.
Auf Königlich Allerhöchsten Befehl:
der General-Sekretär,
Fr. v. Kobell.

(Auszug aus der Verordnung vom 22. Januar 1848, RBl. Sp. 33)

48.
Thronverzicht König Ludwigs I.
(1848)

Zwei Ursachen haben Ludwig I. bewogen abzudanken. Einmal die Isolierung, in die er durch seine Liaison mit der von ihm zur Gräfin Landsfeld erhobenen Tänzerin Lola Montez geraten war. Und zum anderen sein Widerwille dagegen, künftig unter den Bedingungen regieren zu müssen, die die bürgerliche Freiheitsbewegung im März 1848 auch in seinem Land durchgesetzt hatte. Er hat dann noch bis 1868 gelebt, sich aber von den öffentlichen Angelegenheiten fern gehalten.

Wir haben Uns Allerhöchst bewogen gefunden, zu Unseres geliebten Sohnes, des Kronprinzen Maximilian, Königlichen Hoheit, Gunsten auf Unsere Krone zu verzichten, und fügen mit diesem zugleich zu wissen, daß Wir von nun an die Namens-Titulatur: »König Ludwig« (Majestät), und Unsere vielgeliebte Königliche Gemahlin die Titutlatur: »Königin Therese« (Majestät) führen werden. – Vorstehende Unsere Verzichtleistung und Titulatur-Bestimmung ist in Unserem Regierungs-Blatte zur öffentlichen Kenntniß zu bringen.

Gegeben München, den zwanzigsten März des Jahres Eintausend Achthundert und acht und vierzig, im drei und zwanzigsten Unserer Regierung.

Ludwig.

(Bekanntmachung vom 20. März 1848, RBl. Sp. 145)

49. Aufruf des Königs zur Beteiligung an der Wahl zur Nationalversammlung (1848)

Der Aufruf bezieht sich auf die Wahlen zur Nationalversammlung, die am 30. April 1848 stattfanden und aus denen das sogenannte Paulskirchen-Parlament hervorging. Auf der Grundlage eines recht fortschrittlichen Wahlrechts, das allen volljährigen Männern das Stimmrecht einräumte, entsandte Bayern in die Paulskirche 71 Abgeordnete. Die Nationalversammlung verabschiedete eine Reichsverfassung, die Deutschland – allerdings ohne Österreich – zu einem konstiutionellen Bundesstaat mit weitgehenden bürgerlichen Freiheitsrechten gemacht hätte. Sie scheiterte jedoch an der wieder erstarkenden Reaktion der Fürsten und der obrigkeitsstaatlichen Kräfte, die dem Volk zutiefst misstrauten.

Der Aufruf stammt aus der ersten Phase der Revolution. Sie ist durch die beachtlichen Anfangserfolge der Freiheitsbewegung gekennzeichnet. Die Fürsten hatten erhebliche Zugeständnisse machen müssen und befanden sich in der Defensive. Das ist auch aus den – für unsere Ohren recht pathetischen – Formulierungen zu entnehmen, mit denen sich der gerade erst auf den Thron gelangte König Max II. an »seine« Bayern wendet. Man braucht nur zum Vergleich noch einmal die Verlautbarung seines Vaters vom März 1832 (Text Nr. 40) lesen. Jetzt wird beispielsweise nicht mehr vor Parteien schlechthin, sondern nur noch vor »niedrigen« Parteizwecken gewarnt. Und das Werk der nationalen Einigung wird ausdrücklich auch als eine Aufgabe der Völker – nicht nur als eine der Fürsten – bezeichnet.

Bei alldem betont der König auch in diesem Zusammenhang die Eigenständigkeit Bayerns. »Bayern wollen wir sein und bleiben«, ruft er aus. Und er erinnert mit einer Wendung an die tausendjährige Geschichte Bayerns, die sich ganz ähnlich (» ... eingedenk seiner mehr als tausendjährigen Geschichte gibt sich das bayerische Volk nachstehende demokratische Verfassung«) auch in der Präambel der bayerischen Verfassung von 1946 findet.

Gegen Druckfehler war selbst ein solch feierlicher Aufruf nicht gefeit. In der drittletzten Zeile des zweitletzten Absatzes muss es wohl statt »innerer« »immer« heißen.

An Euch ergeht unter allen deutschen Stämmen zuerst der Ruf, aus Eurer Mitte, aus der des ganzen Volkes die Abgeordneten zu wählen zur deutschen Nationalvertretung. Seyd stolz darauf und erkennet die Größe Eurer Aufgabe!

Einer der ältesten, edelsten deutschen Stämme, im Herzen unseres Gesammtvaterlandes gelegen, seyd Ihr bestimmt mitzuwirken zur Gestaltung des großen Nationalwerkes.

Deutschland soll nach Innen und Außen gekräftigt die ihm gebührende, Achtung gebietende Stellung einnehmen unter den Staaten Europa's, zum mächtigen Schutze seiner Freunde, zur Abwehr seiner Feinde.

Dieses Ziel zu erreichen thut Eintracht Noth; mit Deutschland stehen und fallen wir. Wir sind Alle Kinder einer Mutter, Söhne eines Volkes. – Ihm verdanken wir Sprache, Gesittung, Freyheit und Recht, der Menschheit höchste Güter. Doch jeder deutsche Stamm in seiner eigenthümlichen, selbstständigen Entwicklung trug zu ihrer Erlangung bey, durch Wort und That, durch Gut und Blut.

Darum vergesset auch nicht, daß Wir Bayern sind! Ueber ein Jahrtausend zählt unsere Geschichte. Bayern wollen wir seyn und bleiben.

Schreitet nun mit Gott, dem Herren, an Euer wichtiges Werk; flehet seinen allmächtigen Beistand an, daß er Euch erleuchte und stärke. Wählet nach Pflicht und Gewissen, frey von Leidenschaft und niedrigen Partheyzwecken. –

Bayern, höret auf die Stimme Eures Königes, er trägt Euch Alle in seinem Herzen; Eure Ehre, Euer Ruhm, Euer Glück sind die seinen! Lasset uns zusammenhalten in guten wie in bösen Tagen, wie es unsere Vorfahren gethan; sie haben vollendet, wir haben noch zu kämpfen.

Gedenket des Gebers unserer Verfassung, unseres Vaters

Max, der blickt segnend auf uns herab; sein Geist umschwebe Euch in der Stunde ernster Berathung über das Werk nationaler Einigung zwischen Deutschlands Fürsten und Völkern. Ringen wir vereint nach innerer herrlicherer Entfaltung des heiligen Vermächtnisses der Vergangenheit in Religion, Recht und Wahrheit.

Kinder und Kindeskinder werden auch auf uns einst stolz und zufrieden zurückblicken, wenn wir unsere Aufgabe gelöst, Bayern und Deutsche zu seyn.

München den 14. April 1848.

Maximilian.

(Bekanntmachung vom 14. April 1848, RBl. Sp. 305)

50.
Gesetz, die Einkommenssteuer betreffend (1848)

Eine Steuer, die alle Bürger nach Maßgabe ihres Einkommens zur Finanzierung der Staatsausgaben heranzieht, war eine der Forderungen der bürgerlichen Freiheitsbewegung. Sie wurde im Zuge einer umfassenden Reformgesetzgebung mit dem vorliegenden Gesetz im Juni 1848 erfüllt. Damals genügten zu diesem Zweck einige wenige Artikel. Der Steuertarif war außerordentlich niedrig. Er betrug in der untersten Klasse 0,2 % (30 Kreuzer waren ½ Gulden) und stieg auf ganze 2 % bei den höchsten Einkommen. Das bedeutet allerdings, dass die Progression viel stärker war als heutzutage. Bei Familien begann die Steuerpflicht erst ab Einkommensbeträgen, die 1 ½- bis 2-mal so hoch waren wie das steuerfrei bleibende Mindesteinkommen. Steuerpflichtig waren alle Einkommen ohne Ausnahme. Steuerbefreiung gab es für gemeinnützige Stiftungen und Anstalten und für Hilfs- und Sparkassen. So einfach war das damals!

Natürlich wäre es eine Illusion zu glauben, unser Steuerrecht könne zu solch einfachen Regelungen zurückkehren. Und für die damaligen Tarife gilt das erst recht. Aber es sollte schon zu denken geben, dass die soziale Gerechtigkeit seinerzeit bei der Besteuerung durchaus ernst genommen wurde.

Artikel 1.

Jedes reine Einkommen, ohne Unterschied, ob es von einer der übrigen Steuergattungen schon getroffen ist, oder nicht, ob es in Geld, Geldeswerth oder in Selbstbenützung besteht, ständig oder unständig ist, auf Rechtsverbindlichkeiten oder freiem Willen Anderer beruht, unterliegt der allgemeinen Einkommensteuer.

Artikel 2.

Von Entrichtung der Einkommensteuer sind frei:

1) *unverheirathete Personen, wenn ihr jährliches reines Einkommen nicht 250 fl.,*
2) *Familien ohne oder mit nicht mehr als drei noch im elterlichen Brode stehenden Kindern, wenn es nicht 400 fl.,*
3) *Familien mit mehr als drei im elterlichen Brode stehenden Kindern, wenn es nicht 500 fl. erreicht,*
4) *Stiftungen und Anstalten für Wohltätigkeit und Unterricht, desgleichen Cultusstiftungen, wenn letztere nach Entscheidung der einschlägigen Kreis-Regierung, Kammer des Innern, zur Erfüllung ihrer Zwecke ihr Einkommen vollständig bedürfen, dann Hilfs- und Sparkassen.*

Artikel 4.

Steuerpflichtig ist jeder am Orte seines Wohnsitzes oder gewöhnlichen Aufenthaltes nach dem Stande am 12. Juli l. Js.; Ausländer sind da zu besteuern, wo der steuerbare Gegenstand sich befindet.

Ab- und Zugänge am Einkommen während des Jahres ändern die Steuerschuldigkeit nicht. Erlischt aber ein steuerbares Einkommen während des Jahres durch Tod oder in anderer Art gänzlich, so sind nur die bis dahin fällig gewordenen Raten zu erheben.

Artikel 6.

Jedes steuerbare Einkommen ist nach seinem jährlichen Gesammtbetrage in eine der folgenden Klassen einzureihen:

Klasse.	*Einkommen.*	*Steuer.*	
1.	*250 fl.*	*– fl.*	*30 kr.*
2.	*300 fl.*	*– fl.*	*45 kr.*
3.	*400 fl.*	*1 fl.*	*– kr.*
4.	*500 fl.*	*1 fl.*	*15 kr.*
5.	*600 fl.*	*1 fl.*	*30 kr.*
6.	*800 fl.*	*2 fl.*	*– kr.*
7.	*1,000 fl.*	*3 fl.*	*– kr.*

8.	*1,200 fl.*	*5 fl.*	*– kr.*
9.	*1,500 fl.*	*7 fl.*	*– kr.*
10.	*2,000 fl.*	*10 fl.*	*– kr.*
11.	*2,500 fl.*	*15 fl.*	*– kr.*
12.	*3,000 fl.*	*20 fl.*	*– kr.*
13.	*4,000 fl.*	*30 fl.*	*– kr.*
14.	*5,000 fl.*	*45 fl.*	*– kr.*
15.	*6,000 fl.*	*60 fl.*	*– kr.*
16.	*8,000 fl.*	*90 fl.*	*– kr.*
17.	*10,000 fl.*	*120 fl.*	*– kr.*
18.	*12,000 fl.*	*150 fl.*	*– kr.*
19.	*15,000 fl.*	*200 fl.*	*– kr.*
20.	*20,000 fl.*	*300 fl.*	*– kr.*
21.	*30,000 fl.*	*450 fl.*	*– kr.*
22.	*40,000 fl.*	*600 fl.*	*– kr.*
23.	*50,000 fl.*	*800 fl.*	*– kr.*
24.	*60,000 fl.*	*1,000 fl.*	*– kr.*
25.	*75,000 fl.*	*1,500 fl.*	*– kr.*

Je weitere 25,000 fl. werden mit 500 fl. Steuer angelegt.

(Gesetz vom 4. Juni 1848, GBl. Sp. 153)

51.
Abschaffung der Strafen des bürgerlichen Todes, der öffentlichen Ausstellung und der Brandmarkung
(1849)

Man ist erstaunt, dass die hier in Rede stehenden Strafen erst 1849 förmlich abgeschafft wurden. Das geschah wohl noch in Nachwirkung der Revolution von 1848.

Unter »bürgerlichem Tod« verstand man die völlige Beendigung jeder Rechtsfähigkeit einschließlich der Geschäftsfähigkeit, der Fähigkeit Eigentum zu besitzen und der Ehefähigkeit. Mit seiner Anordnung galt die Ehe als aufgelöst und es trat der Erbfall ein. Die öffentliche Ausstellung wurde dadurch vollzogen, dass nach der Urteilsverkündung zum Tode Verurteilte in bestimmten Fällen, Kettensträflinge in jedem Fall bis zu einer Stunde der Öffentlichkeit präsentiert wurden, mit Tafeln auf der Brust und am Rücken, auf denen ihre Verbrechen angegeben waren. Die Brandmarkung bestand darin, dass Schwerverbrechern bestimmte Zahlen oder Buchstaben aufgebrannt wurden. Diese Strafen sind aber in Bayern wohl schon geraume Zeit vorher nicht mehr angewandt worden.

Im Artikel 2 des Gesetzes ist von Kettensträflingen die Rede. So bezeichnete man wegen schwerer Straftaten verurteilte Delinquenten, die in den Zuchthäusern oder auch außerhalb beim Straßenbau, bei der Moorkultivierung oder in Steinbrüchen harte Arbeit zu leisten hatten. Sie mussten an jedem Fuß eine Kette mit einer Eisenkugel tragen. Diese Strafe konnte weiterhin verhängt werden.

Gesetz-Blatt

für das

Königreich Bayern.

Nro. 3.

Art. 1.

Die Vorschriften der Strafgesetze über den bürgerlichen Tod treten mit dem Tage der Verkündigung des gegenwärtigen Gesetzes außer Wirksamkeit.

Mit demselben Tage erlöschen die Wirkungen des bereits eingetretenen bürgerlichen Todes, jedoch unbeschadet der von dritten Personen erworbenen Privatrechte.

Das vor dem Eintritte des bürgerlichen Todes bestandene Heimathrecht lebt kraft des gegenwärtigen Gesetzes wieder auf.

Art. 2.

Was der Artikel 10. Theil I. des bayerischen Strafgesetzbuches vom Jahre 1813 in Bezug auf die Unfähigkeit der Zuchthaussträflinge zu jeder Verfügung über das Ihrige auf den Todesfall oder unter Lebenden während der Strafzeit verordnet, findet auch Anwendung auf die Kettensträflinge.

Art. 3.

Die Bestimmungen der Artikel 28. bis 31. des pfälzischen Strafgesetzbuches sind ausgedehnt auf diejenigen, welche, in Anwendung dieses Gesetzbuches, zu einer Strafe verurtheilt worden sind oder in Zukunft verurtheilt werden, die bisher den bürgerlichen Tod zur Folge hatte.

Art. 4.

Die Strafen der Brandmarkung und der öffentlichen Ausstellung sind mit dem im Artikel 3. bezeichneten Tage abgeschafft.

Art. 5.

Wo nach dem pfälzischen Strafgesetzbuche der Pranger die Hauptstrafe ist, tritt an dessen Stelle der Verlust der staatsbürgerlichen Rechte, und es kann überdieß auf Gefängniß bis zu fünf Jahren erkannt werden.

Art. 6.

Die Dauer der Strafe der Zwangsarbeiten auf bestimmte Zeit und der Einsperrung wird vom Tage der Rechtskraft des Urtheils an gerechnet.

Unser Staatsminister der Justiz ist mit dem Vollzuge dieses Gesetzes beauftragt.

Gegeben Nymphenburg, den 18. November 1849.

Max.

v. Kleinschrod. Dr. Aschenbrenner. Dr. Ringelmann.
v. Lüder. v. Zwehl.

Nach dem Befehle Seiner Majestät
des Königs:
der geheime Secretär des Staatsraths,
Rath Seb. v. Kobell.

(Gesetz vom 18. November 1849, GBl. 1850 Sp.17)

52.
Anrede der Benediktineräbte
(1857)

Sogar über solche Fragen entschied damals der König! Das Problem war wohl deshalb aufgetaucht, weil auch die Benediktinerklöster zu Beginn des 19. Jahrhunderts im Zuge der Säkularisation aufgehoben worden waren, König Ludwig I. aber einzelne Benediktinerklöster wieder errichtete oder neu gründete. So im Jahre 1850 die Abtei St. Bonifaz in München, die seither mit dem ehemaligen Stift Andechs verbunden ist.

Seine Majestät der König haben Allerhöchst zu befehlen geruht, daß den infulirten Aebten der Benedictiner-Stifte in den amtlichen Anschreiben und Erlassen von Seite der Landesherrlichen Stellen und Behörden das Prädicat und der Titel »Herr« gegeben werde.

München den 16. März 1857.

Auf Seiner Majestät des Königs
Allerhöchsten Befehl:
von Zwehl.

(Bekanntmachung vom 16. März 1857, RBl. Sp. 243)

53.
Bestimmung eines Dienstzeichens für Bezirksgerichtsbeamte
(1858)

Wieder eine Uniformvorschrift, bei der penibel unterschieden wird, wann Bezirksgerichtsbeamte Schirmmützen tragen dürfen und wann sie sie tragen müssen. Die Schirmmütze dient hier offenbar als Hoheits- und Erkennungszeichen.

Wenn von »Landesteilen diesseits des Rheins« (oder an anderen Stellen auch von »Bayern rechts des Rheins«) die Rede ist, bedeutet das, dass die entsprechenden Vorschriften in der Pfalz nicht gelten sollten. Schon weil die Pfalz von 1794 bis 1814 zu Frankreich gehörte und in dieser Zeit französisches Recht eingeführt wurde – so etwa der Code Napoléon –, nahm die Pfalz in Bayern eine Sonderstellung ein.

Seine Majestät der König haben unter dem 3. dieses Monats als Dienstzeichen für die Beamten bei den Bezirksgerichten in den Landestheilen diesseits des Rheines das Tragen einer Schirmmütze anzuordnen geruht, welche außer dem Dienste getragen werden kann, dagegen bei allen Amtsgeschäften außerhalb des Gerichtssitzes, wenn nicht das Tragen der Galauniform vorgeschrieben oder aus besonderen Gründen veranlaßt ist, getragen werden muß.

Diese Schirmmütze ist von dunkelblauem Tuche anzufertigen und an der Vorderseite derselben ist auf einer kreisförmigen Unterlage von schwarzem Sammt der gekrönte Löwe in mattem Golde nach der für die Angestellten der inneren Verwaltung und des landgerichtlichen Dienstes in der Anlage Tafel VI. zu der allerhöchsten Verordnung vom 21. Mai 1833 (Regierungsblatt Seite 705) vorgeschriebenen Zeichnung anzubringen.

(Auszug aus der Bekanntmachung vom 7. Juni 1858, RBl. Sp. 617)

54.
Vollzug der Freiheitsstrafen durch Einzelhaft
(1861)

Über Sinn und Zweck des Strafvollzugs gehen die Meinungen seit eh und je auseinander. Dementsprechend variieren auch die Ansichten darüber, wie der Strafvollzug gestaltet werden soll. Nach dem heute geltenden Recht steht die Resozialisierung des Strafgefangenen im Vordergrund, das Ziel ist also, dass er sich nach der Entlassung wieder in die Gesellschaft eingliedert und nicht mehr straffällig wird.

Ähnliche Gedanken klingen in den Artikeln 4 und 5 dieses Gesetzes an. Auch die Bestimmungen über die Einzelhaft waren ungeachtet ihrer Rigorosität im Vergleich zu den Zuständen, die früher in den Gefängnissen herrschten, eher ein Fortschritt. Interessant wäre, warum sich das Gesetz nur auf »Mannspersonen« bezog und aus welchen Gründen für Frauen etwas anderes galt.

Artikel 1.

An Mannspersonen, welche zu einer die Dauer von zwei Monaten, aber nicht die von fünf Jahren übersteigenden Gefängnisstrafe verurtheilt sind, ist diese Strafe mittelst Einzelnhaft in den zu diesem Behufe herzustellenden Zellengefängnissen, soweit es der Raum derselben gestattet und keiner der im Artikel 2 bezeichneten Hinderungsgründe entgegensteht, nach Maßgabe des gegenwärtigen Gesetzes zu vollziehen.

Artikel 2.

Nicht geeignet zur Aufnahme in die Zellengefängnisse sind Sträflinge, welche das sechzigste Lebensjahr bereits zurückgelegt haben oder während der Erstehung der gegen sie erkannten Gefängnißstrafe zurücklegen würden, desgleichen diejenigen, welche nach ihrer körperlichen oder geistigen Beschaffenheit zur Ertragung der Einzelnhaft nicht befähigt erscheinen, endlich diejenigen, welche kraft des Gesetzes oder nach Inhalt des Strafurtheils die gegen sie erkannte Gefängnißstrafe in einem Bezirksgerichtsgefängnisse, im Zuchthause, in einer Festung oder in einer Gefangenenanstalt für jugendliche Personen (Artikel 18 Absatz 2 und 3, Artikel 21 und Artikel 80 des Strafgesetzbuches) zu erstehen haben.

Artikel 3.

Jeder zur Einzelnhaft bestimmte Sträfling wird getrennt von aller Gemeinschaft mit anderen Sträflingen in einer besonderen Zelle verwahrt, die er – vorbehaltlich der Bestimmungen des Artikels 8 – nur während derjenigen Zeit verlassen darf, welche für die tägliche Bewegung im Freien, für den Gottesdienst und Unterricht oder für einzelne ausnahmsweise außerhalb der Zelle vorzunehmende Arbeiten oder sonstige Verrichtungen erforderlich ist.

Artikel 4.

Die Sträflinge werden in ihren Zellen angemessen beschäftiget und zu diesem Behufe wenn nöthig, in einem Gewerbe oder in sonstiger Handarbeit, welche ihnen nach ihrer Entlassung aus der Strafanstalt zu ihrem Fortkommen in der bürgerlichen Gesellschaft dienlich sein kann, unterrichtet. Sie werden zum Gottesdienste und, soweit sie des Schulunterrichtes bedürfen, zur Schule angehalten.

Artikel 5.

Jeder Sträfling ist in seiner Zelle von den bei der Strafanstalt angestellten Personen, insbesondere von dem Vorstande, dem Geistlichen, dem Arzte und Lehrer, öfters zu besuchen.

Artikel 6.

Die Zeit der täglichen Bewegung im Freien beträgt für jeden Sträfling wenigstens eine Stunde einschlüssig des für das Hin- und Zurückführen erforderlichen Zeitaufwandes.

Artikel 7.

Die Bewegung der Sträflinge im Freien ist so einzurichten, daß dieselben nicht miteinander in Berührung kommen.

Das Gleiche ist, soweit thunlich, zu beobachten, wenn der Sträfling ausnahmsweise zu einzelnen Arbeiten außerhalb der Zelle verwendet wird.

Artikel 8.

Diejenigen Sträflinge, welche ein Jahr Einzelnhaft erstanden und Beweise von Besserung gegeben haben, können, soweit es die Verhältnisse gestatten und auf die Dauer ihres Wohlverhaltens, zur Arbeit in Gemeinschaft mit anderen Sträflingen verwendet werden. Hiebei ist auf sorgfältige Auswahl der gemeinschaftlich zu beschäftigenden Sträflinge Bedacht zu nehmen.

(Auszug aus dem Gesetz vom 10. November 1861,
GBl. Sp. 273)

55.
Vorfahrt des Königs und der Mitglieder des königlichen Hauses
(1862)

Wenn auch von der Vorfahrt der Postkutschen schon früher die Rede war (Text Nr. 3), begegnet uns der uns Heutigen wohl vertraute Begriff der Straßenverkehrsordnung hier erstmals in dieser Sammlung. Die im § 2 der Verordnung enthaltene Bestimmung, daß sich Verkehrsteilnehmer im Falle der Begegnung nach rechts ausweichen sollen, gilt auch heute noch. Hingegen ist die Bestimmung des § 1 spätestens mit dem Ende der Monarchie dahingefallen. In der Zeit vor dem Erlass dieser Verordnung hatte sich zumindest ein Bürger nicht gemäß der Bestimmung verhalten und das war bekanntlich der Lohnkutscher Xaver Krenkel. Er überholte die Equipage, in der König Ludwig I. saß, mit seinem Gefährt und soll dabei dem König schnippisch vom Kutschbock aus zugerufen haben: »Wer ko' der ko'!« Der Zuruf ist unter alten Münchnern noch heute sprichwörtlich.

Auf Grund des Art. 145 Abs. 1 Ziff. 3 des Polizeistrafgesetzbuches wird über das Ausweichen der Reiter, Fuhrwerke und Viehheerden auf öffentlichen Straßen, Wegen und Plätzen verfügt, was folgt:

§. 1.

Fuhrwerke und Reiter dürfen den zu Wagen oder Pferde befindlichen Mitgliedern des Königlichen Hauses nicht vorfahren oder vorreiten.

Begegnen Fuhrwerke oder Reiter Seiner Majestät dem Könige oder Ihrer Majestät der Königin, wenn Allerhöchst-Dieselben Sich zu Wagen oder Pferde befinden, so haben sie rasch auf die Seite zu fahren oder zu reiten und solange zu halten, bis Ihre Majestäten vorüber sind.

Fuhrwerke und Reiter, welche andern, zu Wagen oder zu Pferde befindlichen Mitgliedern des Königlichen Hauses begegnen, haben nach der entgegengesetzten Seite ganz auszuweichen.

§. 2.

Alle sich entgegenkommenden Postfuhrwerke haben wechselseitig zur rechten Hand auszuweichen.

München, den 23. Juni 1862.

Auf Seiner Majestät des Königs
allerhöchsten Befehl.
Frhr. v. Schrenk. v. Neumayr.
Durch den Minister:
der General-Secretär,
Ministerialrath
v. Epplen

(Bekanntmachung vom 23. Juni 1862, RBl. Sp. 1465)

56.
Einführung einer Hundesteuer
(1869)

Mit nachstehender Entschließung reagierte König Ludwig II. auf einen Antrag der beiden Kammern (Reichsrat und Abgeordnetenkammer), eine Hundesteuer einzuführen. Nach der Darstellung im Antrag muss man fast annehmen, dass damals in Bayern geradezu eine Hundeplage geherrscht hat. Der König antwortet, dass ihm das auch schon aufgefallen sei und er das Notwendige veranlasst habe. So pflegen Regierungen auf Vorstöße der parlamentarischen Opposition auch heute noch gelegentlich zu antworten. Zweifel daran, ob sich gerade Ludwig II. in eigener Person um die Zahl und die Gefährlichkeit der Hunde gekümmert hat, sind erlaubt.

Auf den an Uns gebrachten Antrag beider Kammern,

> *»in baldige Erwägung ziehen zu lassen, ob nicht die bereits sehr fühlbar gewordenen, durch eine übergroße Anzahl von Hunden veranlaßten, und durch deren stetige Vermehrung noch in höherem Maße zu befürchtenden Belästigungen und Gefährdungen der Menschen und die sonstigen desfallsigen Mißstände durch gesetzliche Vorschriften über das Halten von Hunden überhaupt und insbesondere durch gesetzliche Einführung einer entsprechend hohen allgemeinen Auflage auf die Hunde beseitigt oder doch erheblich gemindert werden können, und bejahenden Falles dem nächsten Landtage einen Gesetzentwurf auf Einführung einer allgemeinen Auflage auf die Hunde vorlegen zu lassen,«*

erwidern Wir, daß die dem gedachten Antrage zu Grunde liegenden thatsächlichen Verhältnisse Unserer Aufmerksamkeit nicht entgangen sind und Wir darum bereits Unser Staatsministerium des Innern beauftragt haben, einen Gesetzentwurf in Betreff der Einführung einer Abgabe für das Halten von Hunden auszuarbeiten.

(Auszug aus der Bekanntmachung vom 29. April 1869, GBl. Sp. 839)

57. Tapezierung der Gerichtssäle (1870)

Bisher überwog die Ansicht, das Interesse Ludwigs II. habe vor allem Theaterdekorationen und insbesondere den Dekorationen der Opern Richard Wagners gegolten, die im Nationaltheater in sogenannten Separatvorstellungen ganz allein für ihn aufgeführt wurden. Diese Bekanntmachung beweist, dass ihn auch die Ausstattung der Gerichtssäle beschäftigte. Er stellte die Gerichtssäle nämlich den Theatern, Konzert- und Hörsälen sowie den Ausstellungsräumen für Sammlungen der Wissenschaft und Kunst gleich. Man beachte, dass die Tapeten geschmackvoll und von ernsten Farbtönen zu sein hatten. Offenbar wurde befürchtet, es würden sonst geschmacklose Tapeten in heiteren Farbtönen angebracht.

Seine Majestät der König haben unter'm 28. März l. Js. die Bestimmung der Ziffer V 3 der Allerhöchsten Verordnung vom 11. März 1863, »die Benützung und Unterhaltung der Staatsgebäude, insbesondere das Tapezieren der Amtslocalitäten und Dienstwohnungen in denselben betreffend«, dahin zu modificiren geruht, daß die Gerichtssäle ausnahmsweise mit passenden, geschmackvollen Tapeten von ernsten Farbtönen tapezirt werden dürfen, wie durch die erwähnte Allerhöchste Verordnung bei Theatern, Concert- und Hörsälen, sodann bei den zur Ausstellung von Sammlungen der Wissenschaft und Kunst bestimmten Sälen bereits allerhöchst gestattet ist.

München, den 31. März 1870.

Auf Seiner Majestät des Königs
Allerhöchsten Befehl.
von Schlör.

Durch den Minister:
der Generalsecretär,
Ministerialrath
v. Cetto.

(Bekanntmachung vom 31. März 1870, RBl. Sp. 489)

58. Eisenbahnverkehrsordnung (1872)

Das Eisenbahnnetz ist in Bayern seit der Inbetriebnahme der ersten Strecke zwischen Nürnberg und Fürth im Jahre 1835 (vgl. Text Nr. 42) kontinuierlich ausgebaut worden. Als diese Bestimmungen erlassen wurden, unterhielt die Staatsbahn bereits ein Streckennetz von über 3500 Kilometern Länge. Hinzu kamen noch die sogenannten Vizinal- und Lokalbahnen. Es wurde deshalb eine Eisenbahnverkehrsordnung notwendig, von der hier einige Paragraphen abgedruckt sind. Manches davon liest sich heute recht amüsant. So zum Beispiel die Passagen über die allein reisenden Damen und das für die zweite und dritte, nicht aber für die erste Wagenklasse vorgeschriebene Damenkupee. Offenbar hielt man es für weniger wahrscheinlich, dass Damen von männlichen Reisenden der ersten Wagenklasse belästigt werden könnten. Oder die Sonderregelung für die Mitnahme von Schoßhunden. Oder auch die fürsorgliche Anordnung, dass Pfeifen mit Deckeln versehen sein müssen. Angesichts der Detailliertheit der Vorschriften hätte man eigentlich noch weitere Bestimmungen darüber erwartet, ob diese Deckel nicht in der Regel geschlossen gehalten werden müssen und nur unter bestimmten Bedingungen – etwa zum Nachfüllen des Tabaks – geöffnet werden dürfen.

Ein ernsthaftes Nachdenken lohnt meines Erachtens die Grundregel für das Verhalten des Bahnpersonals in § 1. Natürlich würde man das heute anders ausdrücken. Aber dem Inhalt nach könnte diese Regel auch heute noch Orientierung geben.

§. 1.

Pflichten des Dienstpersonals.

Das bei den Eisenbahnen angestellte Dienstpersonal ist zu einem bescheidenen und höflichen, aber entschiedenen Benehmen gegen das Publikum, sowie ferner verpflichtet, sich innerhalb der ihm angewiesenen Dienstgrenzen gefällig zu bezeigen.

§. 12.

Anweisung der Plätze.

Einzelne bestimmte Plätze werden nicht verkauft und können im Voraus nicht belegt werden.

Das Dienstpersonal ist berechtigt und auf Verlangen der Reisenden verpflichtet, denselben ihre Plätze anzuweisen. Allein reisende Damen sollen auf Verlangen möglichst nur mit Damen in ein Coupé zusammengesetzt werden. In jedem Zuge muß sich mindestens je ein Damen-Coupé für die Reisenden der zweiten und dritten Wagenclasse befinden.

Bei den nach amerikanischem System gebauten württembergischen Wägen findet die letztere Bestimmung nur mit den durch dieses System gebotenen Modificationen Anwendung.

§. 15.

Einsteigen in die Wagen.

Das Zeichen zum Einsteigen in die Wagen wird durch zwei unterschiedene Schläge auf die Glocke gegeben.

§. 22.

Mitnahme von Hunden etc. Tabakrauchen. Mitnahme feuergefährlicher Gegenstände.

Hunde und andere Thiere dürfen in den Personenwagen nicht mitgeführt werden. Ausgenommen hiervon sind jedoch kleine Hunde, welche auf dem Schooße getragen werden, sofern gegen deren Mitnahme von den Mitreisenden desselben Coupés Einspruch nicht erhoben wird.

Das Tabakrauchen ist in allen Wagenclassen gestattet; in der I. Wagenclasse jedoch nur unter Zustimmung aller in demselben Coupé Mitreisenden, insofern nicht besondere

Rauch-Coupés dieser Classe im Zuge vorhanden sind. In jedem Personenzuge müssen Coupés zweiter und wo thunlich auch dritter Classe für Nichtraucher vorhanden sein. Die Tabakspfeifen müssen mit Deckeln versehen sein.

Feuergefährliche Gegenstände, sowie alles Gepäck, welches Flüssigkeiten und andere Gegenstände enthält, die auf irgend eine Weise Schaden verursachen können, insbesondere geladene Gewehre, Schießpulver, leicht entzündbare chemische Präparate und andere Sachen gleicher Eigenschaft, dürfen weder als Reisegepäck aufgeliefert, noch in den Personenwagen mitgenommen werden. Das Eisenbahn-Dienstpersonal ist berechtigt, sich in dieser Beziehung die nöthige Ueberzeugung zu verschaffen. Der Zuwiderhandelnde haftet für allen aus der Uebertretung des obigen Verbots an dem fremden Gepäck oder sonst entstehenden Schaden und verfällt außerdem in die durch das Bahnpolizei-Reglement bestimmte Strafe. Der Lauf eines mitgeführten Gewehres muß nach oben gehalten werden.

(Bekanntmachung vom 4. Januar 1872, RBl. Sp. 201)

59. Ordnung für den Posttransport (1872)

Fast zur gleichen Zeit wurde auch noch einmal eine Ordnung für den Posttransport erlassen. Sie zeigt, dass die Postkutschen trotz des Vordringens der Eisenbahnen noch keineswegs verschwunden waren. Wohl überlegt die detaillierte Bestimmung über die Verteilung der Plätze unter den Reisenden in § 118. Nach dieser Bestimmung könnten heute sogar noch die Fluggesellschaften bei der Vergabe der Plätze in ihren Flugzeugen verfahren. Überraschend die Vorschrift des § 141. Demnach muss es in Bayern bei der Post vor 125 Jahren unter den Reisenden doch noch sehr grobe Leute gegeben haben.

§. 118.

Für die Ordnung der Plätze gilt zunächst der Grundsatz, daß sämmtliche gegen das Gespann vorwärts gekehrte Sitzplätze in den Coupés und im Fond der gestellten Wägen vor den Rückplätzen besetzt, in Beiwägen Reisende aber erst dann verwiesen werden, wenn in den übrigen Wägen leere Plätze nicht mehr vorhanden sind.

Bei den Postomnibus gehen hienach die Coupéplätze, insoferne solche nicht ohnehin besonderen Taxen unterliegen, jenen im Innern des Wagens und unter letzteren wieder die Eckplätze den Mittelplätzen vor.

Die Reisenden ordnen sich hiebei nach einander in der Reihenfolge ihrer Anmeldung und der auf den Fahrbillets angegebenen Nummern nach der Bestimmung, daß auf einem und demselben Course die früher zugegangenen Reisenden vor den später hinzukommenden den Vorrang haben.

Der Anspruch auf die nach dieser Norm sich ergebende Reihenfolge und Platzvertheilung verbleibt den Reisenden bis zu dem Orte, wohin sie Zahlung geleistet haben, und für den Fall, daß diese letztere über den End- oder Anschlußpunkt des treffenden Courses hinaus geschehen ist, bis zu dem Orte, wo Wagen und Conducteur gewechselt werden.

Reisende, welche nur bis an einen Unterwegsort eingeschrieben sind und sich daselbst wieder auf den nämlichen Cours zur Weiterreise einschreiben lassen, haben daher keinen Anspruch mehr auf den Fortbesitz ihres bis dahin eingenommenen Platzes, sondern werden als neu zugehend behandelt.

Die Einreihung in die Plätze geschieht durch den Conducteur.

Allenfallsige Anstände entscheidet der Beamte oder Expeditor, und haben sich die Reisenden den Anordnungen desselben unweigerlich zu fügen, widrigenfalls Zurückweisung ohne Rückersatz der erlegten Taxe zu gewärtigen.

Willkürliche Begünstigungen einzelner Reisenden sind strengstens untersagt; jedoch ist den Reisenden selbst unbenommen, nach freiem Uebereinkommen ihre Plätze gegenseitig zu vertauschen.

§. 141.

Dem Postillon allein gebührt es, die Pferde zu führen. Wenn der Reisende oder dessen Leute an dem Postillon Thätlichkeiten verüben, so hat der Postillon die Befugniß, sogleich auszuspannen. Dasselbe gilt, wenn der Reisende die Pferde durch Schläge antreiben will.

(Auszug aus der Bekanntmachung vom 28. Januar 1872, RBl. Sp. 561)

60.
Anforderungen an Rekruten der Kavallerie
(1872)

Diesen halte ich für einen der amüsantesten Texte der ganzen Sammlung. Die mit der Aushebung von Kavallerie-Rekruten befassten Militärpersonen müssen offenbar recht schwer von Begriff gewesen sein. Sonst wären sie vielleicht von sich aus darauf gekommen, dass sich Knechte, Bauernsöhne und Schmiede eher für die Kavallerie eignen als Kanzlisten, Schneider und Graveure oder Dienstpflichtige mit X-Beinen. Ebenso hätte sich die Überlegung, dass das Gewicht der Mannschaften mit den Jahren zu steigen pflegt und überhaupt allzu schwere Leute nicht zur Kavallerie genommen werden sollten, möglicherweise auch so bei den Musterungsbehörden herumgesprochen. Und ein gewisser Grad von Gewandtheit, Geschick und Anstelligkeit wäre sicher auch bei den Kürassieren – und nicht nur bei der leichten Kavallerie – von Nutzen gewesen. Aber – so werden die Verfasser dieser Instruktion im Kriegsministerium gedacht haben –: Sicher ist sicher!

Interessant die Angaben über die Körpergrößen, die nicht unter- oder überschritten werden sollten. Sie belegen, dass die Menschen damals deutlich kleiner waren als heute. Rekruten mit einer Größe von weniger als 1,72 m wären in der Gegenwart wohl kaum mehr in ausreichender Zahl zu finden.

Die so genannte Militär-Ersatz-Instruktion, in der sich diese Bestimmungen finden, ist im Vollzug eines Reichsgesetzes betreffend die Verpflichtung zum Kriegsdienst erlassen worden und trägt die Unterschrift Ludwigs II.

§.28.

1) Für die Cavalerie sind möglichst ausschließlich nur solche Militärpflichtige zu wählen, welche in Folge ihres Lebensberufes oder ihrer bürgerlichen Stellung, z.B. als Knechte,

Bauernsöhne, Schmiede etc. Gelegenheit gehabt haben, mit Pferden umzugehen.

Außerdem ist zu beachten, daß sogenannte X Beine für den Dienst zu Pferde ungeeignet machen, wogegen O Beine den Dienst bei der Infanterie, aber nicht den zu Pferde erschweren. Auch ist in Rücksicht auf die Beschaffenheit der Pferde das Gewicht der auszuwählenden Mannschaft und der Umstand, daß dieses mit den zunehmenden Jahren zu steigen pflegt, dergestallt in Betracht zu ziehen, daß nicht allzu schwere Leute zur Cavalerie genommen werden.

Für die Cuirassiere sind nur besonders kräftige Leute auszuheben.

Bei Auswahl der Mannschaften für die leichte Cavalerie ist auf einen gewissen Grad von Gewandtheit, Geschick und Anstelligkeit Rücksicht zu nehmen.

2) Für Cuirassiere und Uhlanen ist das kleinste Maß 1m 67cm, das größte 1m 75cm bis ausnahmsweise 1m 78cm.

Für die Chevaulegers ist das kleinste Maß 1m 62cm, das größte 1m 72cm. Ausnahmsweise können Leute von kleinerem Maße ausgewählt werden, wenn sie sich rücksichtlich ihrer Beschäftigung in ihren bürgerlichen Verhältnissen z.B. als Bereiter, Reitknecht etc. vorzugsweise zur Cavalerie eignen.

(Bekanntmachung vom 30. Juli 1872, RBl. Sp. 2088)

61.
Vereinfachung des Schriftverkehrs (1874)

Im Vergleich zu der einschlägigen Bekanntmachung von 1802 (Text Nr. 2) bringt diese rund 70 Jahre später ergangene Anordnung in der Tat eine gewisse Vereinfachung und auch Modernisierung. Einiges ist aber noch immer recht umständlich und förmlich. So die Anforderungen an das äußere Schriftbild von Eingaben und die hierarchische Abstufung der Schlussformel, mit der die Eingaben zu beenden sind. Dafür soll sich jetzt aber die amtliche Schreibweise immerhin jener Sprache nähern, welche im schriftlichen Privatverkehr angewendet wird. Und Privatpersonen sollen künftig mit »Herr« und »Sie« angeredet werden. In der Bekanntmachung von 1802 war noch die Verwendung der dritten Person – also beispielsweise »Es wird Ihm eröffnet, daß Er von weiteren Eingaben abzusehen hat« – vorgeschrieben. Bemerkenswert der Hinweis, dass der Gebrauch von Fremdwörtern tunlichst zu vermeiden ist. Die Anordnung geht auch gleich mit gutem Beispiel voran und ersetzt die Worte Duplikat und Konzept durch »Doppelschrift« und »Entwurf«.

Auch 1872 wurde noch alles mit der Hand geschrieben. Die ersten Schreibmaschinen kamen in Bayern erst um 1900 herum in Gebrauch. Prinzregent Luitpold hat noch im Jahre 1911 wissen lassen, dass es ihm unangenehm sei, mit Schreibmaschine geschriebene Schriftstücke zu lesen. Er erteilte deshalb den Befehl, ihm künftig keinerlei mit Schreibmaschine geschriebene Anträge oder Berichte vorzulegen. Diesen Befehl machte allerdings sein Nachfolger, der Prinzregent und spätere König Ludwig III., schon ein Jahr später rückgängig.

Gesetz- und Verordnungs-Blatt

für das

Königreich Bayern.

№ 15.

München, den 9. April 1874.

§. 2.

In Eingaben von Privaten und Rechtsanwälten an öffentliche Behörden und Stellen ist auf der ersten halbgebrochenen Blattseite anstatt einer Anrede, am oberen Rande links die Adresse, z.B. an das k. Staatsministerium des Innern, und der kurz zu fassende Betreff nebst der Zahl und Art etwaiger Beilagen, am oberen Rande rechts der Wohnort und das Datum anzugeben.

Rechts unterhalb des Datums ist sofort mit dem sachlichen Vortrage zu beginnen.

Auf der zweiten und den folgenden Seiten kann die ganze Breite des Bogens mit Ausnahme eines gegen die Mitte desselben frei zu lassenden mäßigen Raumes beschrieben werden.

Auf den Schluß des sachlichen Vortrages hat unmittelbar die Namensunterschrift des Verfassers mit der im Nachstehenden bezeichneten Beifügung zu folgen, und zwar:

a) in Eingaben an den k. Staatsrath und die k. Staatsministerien, dann an den k. obersten Gerichtshof:
»Ehrerbietigst gehorsamst«;

b) in Eingaben an die k. Central- und Kreisstellen:
»gehorsamst«;

c) in Eingaben an die übrigen Behörden:
»gehorsam«.

Doppelschriften (Duplikate) sind nur dann vorzulegen, wenn deren Vorlage durch besondere Umstände geboten ist.

Die amtliche Schreibweise hat sich jener Sprache zu nähern, welche im schriftlichen Privatverkehre angewendet wird, ohne in Weitläufigkeit zu verfallen.

Wenn nicht an eine Unterbehörde, sondern an die Person eines Staats- oder Gemeindebeamten in Dienstsachen geschrieben wird, so ist in der Adresse die Bezeichnung »Herr« und im Inhalte des Schreibens die Anrede »Sie« zu gebrauchen.

In gleicher Weise ist in der Regel auch bei den an Privatpersonen zu richtenden amtlichen Schreiben zu verfahren.

Der Gebrauch von Fremdwörtern ist in amtlichen Schreiben thunlichst zu vermeiden.

Amtliche Erlasse in einfachen Geschäftssachen, bei denen die Anfertigung eines Entwurfes (Conceptes) zu den Acten nicht nöthig erscheint, können in Urschrift (gegen kurze Actenvormerkung) den Betheiligten zugeschlossen werden.

München, den 6. April 1874.

*Staatsministerien des Königlichen Hauses
und des Aeußeren, der Justiz, des Innern
beider Abteilungen, dann der Finanzen.*

v. Pfretzschner. Dr. v. Lutz. v. Pfeufer.

Dr. v. Fäustle. Berr.

Der Generalsecretär.

Graf v. Hundt.

(Bekanntmachung vom 6. April 1874, GVBl. S. 123)

62.
Anrede des Prinzregenten
(1886)

Die Bekanntmachung erinnert daran, dass nach der Absetzung Ludwigs II. und seinem kurz darauf folgenden Tod dessen Onkel Luitpold als Prinzregent amtierte. Der eigentliche Thronfolger Otto, ein jüngerer Bruder Ludwigs II., konnte infolge einer Geisteskrankheit sein Amt nicht antreten. Gelegentlich wird statt der Bezeichnung Prinzregent auch die eines Verwesers des Königreichs verwendet. Die bei Eingaben an den Prinzregenten zu benutzenden Formulierungen bleiben so zeremoniell und höfisch wie bisher.

Übrigens: Die Empfehlung aus dem Jahre 1874, Fremdworte tunlichst zu vermeiden (vgl. den vorhergehenden Text), war offenbar schon wieder in Vergessenheit geraten, obwohl die Unterschriften zweier Minister – der Herren Dr. von Lutz und Dr. von Fäustle – unter beiden Bekanntmachungen stehen. Sonst hätte es statt im »Kontext« wohl im »Text-Zusammenhang« und statt »zu formulieren« wohl »abzufassen« heißen müssen.

Königl. Staatsministerien des Königlichen Hauses und des Aeußern, der Justiz, des Innern beider Abtheilungen, dann der Finanzen.

Im Namen Seiner Majestät des Königs

Seine Königliche Hoheit Prinz Luitpold, des Königreichs Bayern Verweser, haben Sich allergnädigst bewogen gefunden zu bestimmen, daß während der Dauer der Regentschaft die sämmtlichen Eingaben (Begnadigungs-Gesuche etc. etc. an Seine Königliche Hoheit den Prinz-Regenten in nachstehender Weise zu formulieren sind:

Ueberschrift:
Allerdurchlauchtigster Prinz und Regent,
Allergnädigster Regent und Herr!

Im Kontexte:
Euere Königliche Hoheit
.... Allergnädigst ....
Allerhöchst etc. etc.

....

In tiefster Ehrfurcht
Eurer Königlichen Hoheit
allerunterthänigst, treugehorsamster

Dies wird hiemit zur allgemeinen Kenntniß gebracht.

München, den 12. Juli 1886.

Dr. Frhr. v. Lutz. Dr. v. Fäustle. Dr. v. Riedel.
Frhr. v. Crailsheim Frhr. v. Feilitzsch.

Der General-Sekretär:
Ministerialrath v. Nies.

(Bekanntmachung vom 12. Juli 1886, GVBl. S. 397)

63.
Verkehr mit Motorfahrzeugen
(1902)

Gegen Ende des 19. Jahrhunderts fuhren die ersten Autos – man nannte sie damals Motorfahrzeuge – auf Bayerns Straßen. In München war das nach einem Bericht der Münchner Neuesten Nachrichten ein »Patent-Motorwagen« der Firma Carl Benz, der anlässlich einer Kraft- und Arbeitsmaschinen-Ausstellung im September 1888 eine Probefahrt durch München unternahm. In der Folgezeit nahm ihre Zahl langsam, aber doch so weit zu, dass man 1902 eine eigene Verordnung über den Verkehr mit Motorfahrzeugen für notwendig hielt. Der § 2 dieser Verordnung lässt vermuten, dass sich die damaligen Vehikel in mancherlei Hinsicht von den heutigen Automobilen unterschieden. So etwa bezüglich der Explosionsgefahr, die erfreulicherweise heute keine Rolle mehr spielt. Klar erkannt hatte man bereits die Umweltproblematik; allerdings störte man sich damals bei den ausströmenden Gasen nur an den üblen Gerüchen und noch nicht an den Schadstoffen als solchen. In den weiteren Paragraphen wird dem Führer des Fahrzeugs die äußerste Sorgfalt eingeschärft; so insbesondere in dem sehr anschaulich formulierten § 7. Die Höchstgeschwindigkeit von 12 km pro Stunde war ebenfalls eine ausgesprochene Vorsichtsmaßnahme, da die Fahrzeuge damals durchaus schon schneller fahren konnten. Erstaunlicherweise kam es offenbar vor, dass Führer von ihrem Fahrzeug abstiegen, während es noch in Bewegung war. Sonst hätte das wohl nicht ausdrücklich verboten werden müssen (§ 6).

§. 2.

Motorfahrzeuge müssen so gebaut, eingerichtet und ausgerüstet sein, daß Feuers- und Explosionsgefahr sowie eine Belästigung von Personen und Fuhrwerken durch Geräusch oder durch üblen Geruch ausströmender Gase möglichst ausgeschlossen ist.

Die Radkränze der Triebräder dürfen nicht mit Unebenheiten versehen sein, welche geeignet sind, die Fahrbahn zu beschädigen.

Motorwagen von mehr als 3000 kg Gesammtgewicht (Eigengewicht und Ladegewicht) müssen, wenn sie ohne Gummibeschuhung sind, eine Felgenbreite von mindestens 10 cm, Motorwagen von mehr als 4500 kg Gesammtgewicht eine Felgenbreite von mindestens 15 cm haben.

§. 6.

Der Führer ist zu besonderer Vorsicht in Leitung und Bedienung seines Fahrzeuges verpflichtet. Auf den Haltruf eines Polizeiorgans hat er sofort anzuhalten. Er darf von dem Fahrzeug nicht absteigen, so lange es in Bewegung, und darf sich von demselben nicht entfernen, so lange der Motor angetrieben ist; auch muß er die nöthigen Vorkehrungen treffen, daß kein Unbefugter den Motor antreiben kann.

§. 7.

Die Fahrgeschwindigkeit darf innerhalb der Ortschaften 12 km in der Stunde nicht überschreiten. Außerhalb der Ortschaften darf dieselbe, wenn übersichtliche Wege befahren werden, namentlich bei Tag, angemessen erhöht werden.

An unübersichtlichen Stellen – insbesondere beim Passiren von engen Brücken, Thoren und Straßen, beim Einbiegen aus einer Straße in die andere, sowie bei scharfen Straßenkrümmungen, bei der Ausfahrt aus Grundstücken, die an öffentlichen Straßen liegen, und bei der Einfahrt in solche Grundstücke, dann bei starkem Nebel –, ferner auf abschüssigen Wegen und da, wo wegen Schlüpfrigkeit der Bahn die Wirksamkeit der Bremse in Frage gestellt ist, endlich überall da, wo ein lebhafter Verkehr stattfindet, muß so langsam und vor-

sichtig gefahren werden, daß das Fahrzeug nöthigenfalls sofort zum Halten gebracht werden kann.

§. 11.

Wettfahrten auf öffentlichen Wegen, Straßen und Plätzen sind verboten. Ausnahmsweise kann hiezu eine Bewilligung von der zuständigen K. Regierung, Kammer des Innern, unter den nach Erforderniß festzusetzenden Bedingungen ertheilt werden.

§. 13.

Uebertretungen der gegenwärtigen Vorschriften werden gemäß §366 Nr. 10 des Reichsstrafgesetzbuches bis zu sechzig Mark oder mit Haft bis zu vierzehn Tagen bestraft.

München, den 7. Mai 1902.

Dr. Frhr. v. Feilitzsch.

(Bekanntmachung vom 7. Mai 1902, GVBl. S. 173)

II. TEIL

BEKANNTMACHUNGEN DER KÖNIGLICHEN POLIZEIDIREKTION MÜNCHEN UND ANDERE BEKANNTMACHUNGEN, DIE SICH NUR AUF MÜNCHEN BEZIEHEN

Königlich Bayerischer

Polizey-Anzeiger  von München.

64.
Die Erweiterung des Eisenmanngässchens in München
(1802)

Aus dieser im belehrenden Stil der damaligen Zeit abgefassten Bekanntmachung geht dreierlei hervor: einmal, dass es in München schon seinerzeit Verkehrsprobleme gab, denen man in diesem Fall durch eine Straßenverbreiterung und zu diesem Zweck durch den Abriss eines Hauses Herr zu werden versuchte. Zugleich sollte so das Hackenviertel verschönert und das Gewerbe in diesem Viertel belebt werden.

Zum anderen fällt auf, dass die in Rede stehende Entscheidung nicht vom Magistrat der Stadt, sondern von der kurfürstlichen Regierung, also vom Staat getroffen wurde. Sie trat offenbar auch als Vertragspartner des Kaufvertrages auf.

Am erstaunlichsten erscheint aber, wie die Maßnahme finanziert wurde. Nämlich durch freiwillige Beiträge der Einwohner. In Wirklichkeit wurde allerdings ein deutlicher Druck ausgeübt, sich zu beteiligen. Denn die Hof- und Stadtschreiber gingen anscheinend mit einem Sammelbuch in der Stadt herum, in das sich mancher schon deshalb eingetragen haben wird, weil die Rechnung – und das heißt wohl auch die einzelnen Spende unter Namensnennung des Spenders – später »öffentlich mitgeteilt« werden sollte. Welche Summe so zustande kam, ist nicht bekannt. Heute würden die Münchnerinnen und Münchner energisch protestieren, wenn die Stadt Maßnahmen zur Lösung von Verkehrsproblemen auf diese Weise finanzieren wollte.

Die churfürstliche höchste Stelle hat, vermög gnädigster Rescripte vom 9ten und 23ten May, die Erweiterung des Eisenmannsgäßchens, und zu diesem Ende die Abbrechung des Kuchelbäckerhauses beschlossen, und die mit dem Eigenthümer eingeleitete Kaufsabhandlung ratifizirt.

Jedem Einwohner dieser volkreichen Residenzstadt muß die Wohlthat bey dem ersten Anblicke einleuchten, welche durch diese Verfügung dem Publikum zugeht. Der enge Raum, durch welchen sich unausgesetzt eine Menge Volks drängt, und die Gefahr für Fußgänger, welche mit Wägen zusammentreffen, sind nur allzuoft, und vielfältig gerüget, und das Bedürfnis lebhaft gefühlt worden, einen beträchtlichen Theil des Hackenvierthels mit den Hauptstrassen der Stadt mehr in Verbindung zu setzen, denselben zu eröffnen, und durch Erleichterung des Zuganges die Gewerbe seiner Bewohner mehr zu beleben.

Mit diesen Gründen der Nothwendigkeit vereinbaren sich jene, welche sich auf die Verschönerung dieses nicht unansehnlichen Theils der Stadt beziehen, und von jedem gebildeten Menschen gewürdiget werden.

Eine so gemeinnützige und interessante Anstalt verdient volle Unterstützung mittels freywilliger Beyträge, deren Einsammlung die höchste Stelle angeordnet wissen will, und durch die Hof- dann Stadtviertelschreiber kumulative wird vorgenommen werden.

Man erwartet von den Einwohnern dieser Residenzstadt, welche stets so viel Sinn für das Schöne und Gute geäußert haben, auch hierinn bereitwillige Mitwirkung, und ladet sie ein, ihre Geldbeträge, welche sie dem geeigneten Hof- und Stadtviertelschreiber behändigen werden, in das Buch selbst einzuzeichnen, welches beyde mit sich bringen, und worüber nachhin die Rechnung wird öffentlich mitgetheilt werden.

(Bekanntmachung vom 4. Juni 1802, RBl. Sp. 444)

65. Die bürgerlichen Gewerbe in München (1803)

Die Übersicht gibt die Zahl der Betriebe in den jeweils genannten Jahren an und lädt zu Betrachtungen über die Entwicklung des Münchner Gewerbes seit 1618 ein. Dabei muss man allerdings berücksichtigen, dass die Gewerbetreibenden, die direkt dem kurfürstlichen Hof unterstanden, nicht zum städtischen Gewerbe zählten und deshalb nicht mit aufgeführt sind. Unter anderem zeigt die Übersicht, dass auch in München das Gewerbe durch den Dreißigjährigen Krieg erheblich in Mitleidenschaft gezogen wurde. Vor allem gilt das für die Gastgeber und Wirte, deren Zahl besonders stark zurückging. Für den Stand von 1802 fällt die große Zahl der Bierbräuer, der Gärtner und der Handelsleute auf. Bei den Bierbräuern rührt sie wohl daher, dass es damals – und noch über die Jahrhundertwende hinaus – viele kleine und kleinste Brauereien gab.

Manche der in der Übersicht erscheinenden Berufsbezeichnungen sind aus dem Sprachgebrauch verschwunden. Es würde zu weit führen, sie hier alle zu erläutern. Beim »Baterweinschenker« handelt es sich wohl um einen Druckfehler, gemeint ist wahrscheinlich ein »Bayernweinschenker«, also ein Weinschenk, der bayerischen Wein ausschenkt. Ein Kornkäufler ist ein Kaufmann, der mit Korn handelt, ein Kistler ein Schreiner und ein Küchelbäcker einer, der Schmalznudeln backt.

Gewerbe.	*1618*	*1633*	*1649*	*1802*
Apotheker	*4*	*4*	*4*	*5*
Bader	*16*	*14*	*11*	*21*
Barbierer	*9*	*6*	*3*	–
Bäcker	*70*	*67*	*65*	*57*
Bändelmacher	–	–	*1*	–
Bierbräuer	*69*	*68*	*63*	*52*
Bildhauer	*6*	*3*	*5*	*6*
Blättersetzer	*3*	*3*	*1*	–
Bortenmacher	*18*	*13*	*7*	*14*
Brannteweiner	*14*	*16*	*14*	*19*
Brannteweinschenker	*1*	*1*	–	–
Briefmaler	*4*	*2*	–	–
Buchbinder	*10*	*8*	*8*	*14*
Buchhändler	*3*	*2*	*2*	*3*
Büchsenmacher	*6*	*4*	*3*	*3*
Büchsenschifter	*3*	*3*	*1*	*2*
Bürstenbinder	*3*	*2*	*2*	*3*
Baterweinschenker	–	–	–	*2*
Beinringler	*4*	*5*	*3*	*4*
Choccolademacher	–	–	–	*2*
Deckenmacher	*10*	*4*	*3*	–
Destillateurs	*1*	*1*	*1*	–
Drechsler	*11*	*8*	*5*	*7*
Eisenfaktoren	–	*1*	*1*	–
Eisenhändler	*12*	*16*	*9*	*18*
Färber	*5*	*5*	*4*	*4*
Farbmacher	*2*	*1*	–	–
Farbreiber	*3*	*1*	–	–
Feilenhauer	*1*	*1*	*1*	*3*
Fingerhutmacher	*2*	*2*	*2*	–
Fischer	*16*	*16*	*9*	*8*
Floßmänner	*11*	*12*	*7*	*10*
Fürdratmacher	*1*	–	–	–
Fürneiser	*1*	–	–	–
Früchtenhändler	–	–	–	*8*

Gewerbe.	*1618*	*1633*	*1649*	*1802*
Gabelmacher	*1*	*1*	*2*	–
Gastgeber und Wirthe	*42*	*31*	*7*	*24*
Gipsmacher	*2*	*1*	*2*	*1*
Glaser	*12*	*9*	*6*	*10*
Glockengießer	*2*	*2*	*2*	*2*
Goldschlager	*1*	*1*	–	*1*
Goldschmiede	*33*	*33*	*20*	*13*
Goldspinner	*2*	*1*	–	–
Geschmeidhändler	*1*	*1*	*2*	–
Geschmeidmacher	*3*	*5*	*4*	*5*
Gstadlmacher (Schachtelmacher)	*8*	*4*	*3*	*2*
Gradltrager	*1*	–	–	–
Gürtler	*5*	*4*	*3*	*5*
Gärtner	–	–	–	*42*
Germsieder	–	–	–	*2*
Geigenmacher	–	–	–	*1*
Hafner	*16*	*8*	*9*	*9*
Haftelbieger	*1*	–	–	–
Hammerschmiede	*3*	*2*	*1*	–
Handschuhmacher	*14*	*13*	*11*	–
Hosenstricker	*11*	*6*	–	–
Hutmacher	*23*	*13*	*9*	*9*
Handelsleute	*50*	*61*	*63*	*91*
Illuministen	*2*	*2*	*1*	–
Instrumentenmacher	*1*	*2*	*vid. Geigenmacher*	
Jubilier	*1*	*1*	*1*	–
Kaminkehrer	*3*	*3*	*3*	*3*
Kammacher	–	*1*	*2*	*3*
Kartenmacher	*4*	*3*	*2*	*2*
Käsekäufler	*6*	*5*	*11*	*14*
Käsehändler	–	–	–	*1*
Käufl	*8*	*3*	–	–

Gewerbe.	*1618*	*1633*	*1649*	*1802*
Kettelmacher	*1*	*1*	*2*	–
Kirschner	*19*	*16*	*14*	*9*
Kistler	*41*	*37*	*21*	*29*
Klingenschmiede	*6*	*4*	*1*	*4*
Knöpfmacher	*3*	*1*	–	*10*
Köche	*38*	*27*	*15*	*16*
Kornkäufler	*24*	*19*	*15*	*18*
Krämer	–	–	*vide Handelsleute*	
Kränzelbinder	–	*1*	–	–
Kristallschneider	*1*	–	–	–
Küchlbäcker	*8*	*12*	*6*	*10*

(Bekanntmachung vom 27. April 1803, RBl. Sp. 263)

66.
Status des Magistrats der Stadt München
(1805)

Der Magistrat war 1805 die zentrale Behörde der Stadt München, die damals etwas über 40 000 Einwohner hatte – darunter an die 5 000 Militärpersonen –, aber keine Selbstverwaltung besaß. Angefangen von den beiden Bürgermeistern bis hin zu den Boten sind es 26 Bedienstete – darunter 7 Magistratsräte, die nur nebenamtlich tätig waren. Dazu kam dann noch weiteres, hier nicht verzeichnetes Personal für spezielle Aufgaben. Entsprechend gering waren die Personalkosten. Da das als Entlohnung vorgesehene Korn nach dem Marktpreis in Geld entrichtet wurde, waren die Amtspersonen, denen ein solches Deputat zustand, gegen Teuerungen infolge von Getreidepreiserhöhungen gesichert; ein Teil ihres Gehalts war also sozusagen indexiert.

Wer den seinerzeitigen Personalstand und die seinerzeitigen Personalkosten mit der Gegenwart vergleichen will, wird auf große Schwierigkeiten stoßen. Das schon deshalb, weil der Magistrat damals ein staatliches Organ war. Wie das Beispiel der Verbreiterung der Eisenmanngasse (Text Nr. 64) zeigt, erledigte außerdem der Staat vieles, was heute Sache der Stadt wäre, auch ohne den Magistrat.

Personal-Status.	*Gehalte.* *NB. Das Korn wird nach dem Marktpreise in Geld entrichtet.*
2. Bürgermeister	*Jeder 1500 fl., 20 Schäffel Korn, Wohnung ohne Holz.*
2. Magistrats-Räthe, welche, wie die Bürgermeister die akademischen Studien, dann die vorgeschriebene Uebung und Prüfung, besonders im Kameralfache vollendet haben. *1. bauverständiger Rath.*	*Jeder 1000 fl., 13 Schäffel Korn.*
7. Magistrats-Räthe aus der Klasse der gewerbetreibenden Bürger, wovon zwey zu dem ersten Büreau des Steuer- und Kamerwesens beygegeben werden, und zu beziehen haben	*Jeder 300 fl.*
Die übrigen fünf, welche dem Büreau der Kirchen, oder dem der Stiftungs-Verwaltung beygegeben werden.	*Jeder 200 fl.*

Personal-Status.	*Gehalte.*
4. Aktuaren oder Stadtschreiber, wovon zwey vorzüglich für das Steuer- und Kamerwesen, einer für das Kirchen- und Stiftungswesen, einer für die Führung der Polizeyanstalten, der Brandassekuration und Gewerbs-Kataster etc. zu verwenden ist. *1. Registrator, welcher zugleich die Expedition und Taxatur versieht.*	*Jeder 600 fl., 6 Schäffel Korn.*
4. Schreiber	*Jeder 400 fl.*
1. Rathdiener	*400 fl., 6 Schäffel Korn, Wohnung, mit der Verbindlichkeit, sich auch als Both gebrauchen zu lassen.*
4. Bothen	*Jeder 300 fl.*

(Bekanntmachung vom 27. Februar 1805, RBl. Sp. 341)

67.
Maskentreiben auf den Straßen
(1813)

Eine außerordentlich strenge Vorschrift. Welcher Art die Missbräuche waren, denen man auf diese Weise begegnen wollte, ist mir nicht bekannt. Ein Maskentreiben, bei dem man eine Genehmigung brauchte und die Polizei ständig die Personalien kontrollierte und nachprüfte, ob die Teilnehmer auch die vorher angegebenen und genehmigten Masken trugen, kann aber nicht sehr lustig gewesen sein.

Auch hier fällt auf, dass überhaupt ein Maskentreiben zugelassen wurde, obwohl in den Wochen zuvor über 30 000 Bayern beim Untergang der Großen Armee Napoleons ihr Leben lassen mussten (vgl. Text Nr. 31).

Es wird hiemit zur allgemeinen Kenntniß gebracht,

1) *Daß, ausgenommen die drey letzten Tage des Karnevals, nur an den Sonntagen und Mondtagen Masken auf den Straßen umhergehen dürfen.*
2) *Die Masken-Verleiher dürfen nur an diesen Tagen Masken ausleihen.*
3) *Alle Masken, welche in größeren oder kleineren Gesellschaften, mehr als 4 Personen an der Zahl, zu gehen gesonnen sind, müssen hiezu eine ausdrückliche Bewilligung von der Polizeybehörde erholen, und sowohl die Namen derjenigen Personen, aus denen die Gesellschaft besteht, als auch die Masken, in welche sich dieselben kleiden, angeben. Werden sie diese aber unterlassen, so haben sie zu gewärtigen, daß sie von den Patrouillen angehalten, und von einander getrennt, oder in dem Falle der Weigerung arretirt werden.*

(PA. 1813, S. 82, Nr. 243)

68.
Wider das willkürliche Aufbrechen des Straßenpflasters
(1823)

Das beständige Straßenaufreißen in München ist also keine neue Erscheinung. Schon 1823 war dieses Ärgernis so gravierend, dass die Polizeidirektion dagegen eine eigene Anordnung erließ. Anders als heute ging es dabei allerdings nicht nur um Koordinierungsmängel zwischen den einzelnen Behörden, sondern auch darum, dass man die aufgebrochenen Straßenstücke ohne Warnzeichen und über Nacht sogar ohne Beleuchtung liegen ließ.

Man hat in Erfahrung gebracht, daß schon öfters von Brunnenknechten und Pflasterern einzelne Strecken des Straßenpflasters aufgebrochen, die geöffneten Gruben aber am Abende weder eingefüllt, noch mit einem Warnungszeichen versehen worden seyen. Um diesen gefährlichen Unfug zu entfernen, hat man nach vorhergegangenem Benehmen mit den einschlägigen Behörden die folgenden Anordnungen verfügt:

1) *Die Brunnenknechte und Pflasterer dürfen nur auf Befehl ihrer vorgesetzten Behörden, Privatpersonen aber nur nach vorher erholter Bewilligung bey der königl. Polizey-Direktion, das Pflaster in einer Straße aufbrechen.*
2) *Die geöffneten Gruben müssen an demselben Abende wieder zugepflastert werden. Ist dies nicht möglich, so muß jederzeit bey der königl. Polizey-Direktion hievon Anzeige erstattet werden, damit man die Aufstellung eines Warnungszeichens oder einer Laterne verfügen, und die Polizeymannschaft zur geeigneten Nachsicht über die getroffene Anordnung anweisen könne.*
3) *Diejenigen, welche diesen Bestimmungen entgegen handeln, werden an Geld bis zu fünf und zwanzig Gulden, oder mit Arrest bis zu drei Tagen bestraft, bey einem aus ihrer Fahrläßigkeit hervorgehenden Unglücke aber zugleich zum vollen Schadens-Ersatze verurteilt, und nach Umständen selbst den Gerichten zur strafrechtlichen Untersuchung übergeben werden.*

München, den 25. Februar 1823.

Königliche Polizey-Direktion München.
In Verhinderung des königl. Direktors
Rinecker, Ober-Polizeykommisär.

(PA. 1823, S. 169, Nr. 973)

69.
Entleerung natürlicher Bedürfnisse auf den Straßen
(1834)

Das geht nun wirklich nicht, dass angeheiterte Wirtshausbesucher nach dem Verlassen der Gaststätten ihre »natürlichen Bedürfnisse« an den Eingängen entleeren! Da hat die Polizei schon Recht, wenn sie dagegen »unnachsichtlich« einschreitet; zumal sie mit scharfem Blick beobachtet hat, dass sich infolge der Entleerung im Winter auf den Trottoirs Eisbahnen bilden. Ein wenig unklar bleibt allerdings, wie man eigentlich Bedürfnisse »entleeren« kann; befriedigen ja, aber entleeren? Angedroht wird Arrest oder eine Geldstrafe von 1 Reichstaler. Der Reichstaler galt damals neben dem Gulden als Zahlungsmittel, wobei der Reichstaler so viel wert war wie 1,75 Gulden. Die Mark trat erst im Jahre 1876 für das ganze Deutsche Reich an die Stelle dieser und anderer Währungen der deutschen Einzelstaaten.

Dir. leg. imp., richtig wohl Dir. legit mp., steht für »Director legit manu propria«, also »Der Direktor hat das mit eigener Hand unterschrieben«.

Mich stimmt es ein wenig nostalgisch, dass eine solche Vorschrift einmal in einem Münchner Amtsblatt veröffentlicht werden konnte. Ist sie doch im Gegensatz zu so vielen unpersönlichen und unverständlichen Vorschriften in den heutigen Amtsblättern so anschaulich formuliert, dass jedermann auf Anhieb verstehen kann, was gemeint und was gewollt ist.

Man hat die Bemerkung gemacht, daß ungeachtet der mehrfältig im bezeichneten Betreffe erlassenen Verbote dieser Unfug fortwährend zunahm, und besonders an den Eingängen der Wirtshäuser statt finde, wodurch, abgesehen von der hieraus entstehenden Verunreinigung, sich bei jetziger Jahreszeit Eisbahnen bilden, welche das Begehen des Trottoirs erschweren.

Dergleichen Uebertretungen erscheinen um so ahndenswerther, als sämmtliche Wirthe Lokalitäten zur Befriedigung solcher Bedürfnisse hergerichtet haben, und man wird daher in Zukunft jeden, der sich dergleichen auf öffentlicher Straße erlaubt, unnachsichtlich mit einem Reichs-Thaler oder entsprechendem Arreste bestrafen.

München, den 4. Februar 1834.

Königliche Polizey-Direktion München.
Dir. leg. imp.
v. Sichlern, Polizey-Commissär.
Rupp, Polizeioffiziant.

(Bekanntmachung vom 4. Februar 1834, PA. S. 169)

70. Tabakrauchen auf den Straßen (1834)

Diese Bestimmung schafft im Inneren der Stadt München eine raucherfreie Zone. Zugleich macht sie den Stand der von Ludwig I. betriebenen Stadterweiterung im Jahre 1834 deutlich. Der in der Bestimmung genannte Hofholzgarten lag im Bereich der heutigen Prinzregentenstraße und diente zur Lagerung des aus dem Gebirge über die Isar nach München gebrachten Holzes. Unter dem »Leichenacker« ist der Alte Südliche Friedhof zu verstehen. Am Karlstor standen bis um 1870 Marktbuden der Jakobidult, die sich ab 1822 vom heutigen Maximiliansplatz bis zum Karlsplatz erstreckte. Gelegentlich fand dort auch der Christkindlmarkt statt.

Beim Vorübergehen an Militärwachen durfte wohl deshalb nicht geraucht werden, weil das als respektlos galt. Im Dunkeln bleibt, welche Unannehmlichkeiten demjenigen, der verbotswidrig rauchte, außer der Bestrafung noch drohten. Immerhin erscheint es bemerkenswert, dass sich die Polizei darüber überhaupt Gedanken gemacht und vorsorglich die Verantwortung für solche Unannehmlichkeiten demjenigen aufgebürdet hat, der an verbotenen Orten rauchte.

Das Tabakrauchen ist in allen Straßen der Stadt und im Hofgarten, über holzene Brücken, im Hofholzgarten, in dem Leichenacker, beim Vorübergehen an Militärwachposten und während der Dulten auf dem Platze vor den Schaubuden am Karlsthore verboten. Zugleich wird dieses Verbot bei den entstandenen neuen Bauanlagen, auch auf den Odeonsplatz, auf die Ludwigstraße, so weit dieselbe mit neuen Gebäuden schon versehen ist, auf die Briennerstraße bis zum Eingange in die Türkenstraße, auf den Wittelsbacherplatz und auf die Straße zwischen dem Odeon und dem Herzog Leuchtenbergischen Palais, dann auf alle Umgebungen der k. Marställe ausgedehnt.

Wer gegen diese Bestimmungen handelt, hat sich die daraus entstehenden Unannehmlichkeiten und insbesondere die Bestrafung in Geld oder Arreste selbst zuzuschreiben.

München, den 11. Juni 1834.

Königliche Polizey-Direktion München.
Dir. imp.
v. Sichlern, Polizey-Commissär.
Rupp, Polizeioffiziant.

(Bekanntmachung vom 11. Juni 1834, PA. S. 527)

71.
Verbot von Zusammenkünften der Studierenden
(1834)

Das ist eine geradezu drakonische Vorschrift, die noch weit über das Verbot hinausgeht, politische Vereine zu gründen oder sich an ihnen zu beteiligen (vgl. Text Nr. 40). Nimmt man die Bestimmung wörtlich, so hätte es schon der Genehmigung bedurft, wenn ein Student einen Kommilitonen bei sich in seinem Zimmer übernachten lassen wollte oder wenn Studenten sich im Nebenzimmer einer Gaststätte verabredeten, um über den Lauf der Welt zu diskutieren. Das liest sich so, als ob für die Münchner Studenten eine Art Ausnahmezustand verhängt worden wäre. Dazu passt dann auch die Anzeigepflicht und die Strafdrohung an die Adresse der Vermieter und Gastwirte.

Was konkret zu einer solch exzessiven Polizeimaßnahme Anlass gegeben hat, habe ich nicht feststellen können.

Wahrscheinlich aber war es die Furcht der Obrigkeit vor »demokratischen Umtrieben«. Das Hambacher Fest (vgl. Text Nr. 40) lag ja erst zwei Jahre zurück und der Deutsche Bund hatte kurz zuvor unter dem Einfluss Metternichs die Karlsbader Bundespressegesetze und die Universitätsgesetze verschärft.

Wiederholte Erfahrungen über eigenmächtige Zusammenkünfte von Studirenden in Privathäusern veranlassen die Polizey-Direktion, die Hausbesitzer und Zimmervermiether auf die Verpflichtungen aufmerksam zu machen, welche sie in dieser Hinsicht zu erfüllen haben. Privatgesellschaften oder Zusammenkünfte ohne Unterschied von Seite der Studirenden sind an die vorgängige, polizeyliche Genehmigung bedingt.

Wer von den Hauseigenthümern oder Zimmer-Vermiethern dergleichen Zusammenkünfte, oder auch das Uebernachten eines andern, oder fremder Studirender duldet, oder Kenntniß erhält und nicht augenblickliche Anzeige bei der Polizey-Direktion erstattet, wird mit einer Strafe bis zu 30 fl. geahndet und nach Lage der Sache als Begünstiger den Polizey-Straf-Gesetzen unterworfen.

Gleiche Strafe trifft Schenk- Gast- Speise- oder Kaffee-Wirthe, welche dergleichen Zusammenkünfte ohne Anzeige, und vorzugsweise in besonderen, abbonirten Zimmern dulden.

München, am 21. Oktober 1834.

Königliche Polizey-Direktion München.
v. Menz, Polizey-Direktor.
Rupp, Polizeyoffiziant.

(Bekanntmachung vom 21. Oktober 1834, PA. S. 963)

72.
Die unredlich erworbene Tabakspfeife
(1844)

Die Polizeidirektion hat sich sehr fürsorglich auch um Dinge gekümmert, die uns heute als Alltäglichkeiten erscheinen. Hier war die Sicherstellung einer Tabakspfeife bei einem »sehr sicherheitsgefährlichen Menschen« Grund genug, um dies der Öffentlichkeit unter genauer Beschreibung des Gegenstandes kundzutun und den Eigentümer zur Meldung bei der Behörde aufzufordern.

Unterschrieben hat das sogar der königliche Polizeidirektor persönlich. Die zweite Unterschrift stammt hier wie bei den anderen Verlautbarungen von einer niedrigeren Polizei-Charge, die die Richtigkeit der Ausfertigung beglaubigte.

Einem sehr sicherheitsgefährlichen Menschen wurde heute früh eine Tabakspfeife abgenommen, in deren Besitz er nicht auf redliche Weise gekommen zu seyn scheint. Dieselbe besteht aus geschnitztem Kopfe, Wassersack und Rohr von Birnbaumholz, oben am Rohr befindet sich ein Aufsatz von einem Rehgewichtl und der Kopf hat ein weißes Beschläge.

Der Eigenthümer wird aufgefordert, sich binnen 6 Wochen hierorts zu melden, nach deren Umfluß über die fragliche Pfeife weiter verfügt werden wird.

München, den 17. August 1844.

Königliche Polizey-Direktion München.
Frhr. v. Karg-Bebenburg, k. Polizey-Direktor.
v. Reinhardstöttner.

(Bekanntmachung vom 17. August 1844, PA. S. 760)

73.
Schlaftränkchen für Kleinkinder
(1855)

Die Polizei sorgt sich nicht nur um die Erwachsenen, sie nimmt sich auch der Säuglinge und kleinen Kinder an!

Wieder ist der Missbrauch, vor dem sie warnt, zwar im Behördenstil (» … um denselben Zweck des Einschlafens zu erreichen …«), aber überaus anschaulich beschrieben. Schlozer – das sind Saugbeutel oder Sauglàppchen –, die zuvor in Bier getaucht waren, wurden offenbar für weniger gefährlich gehalten als die mit Branntwein getränkten. Sonst wären sie hier wohl auch angeführt worden. Dem Vernehmen nach waren solche – auch Dietzel genannt – auf dem Lande noch bis vor nicht allzu langer Zeit im Gebrauch.

Es wurde in Erfahrung gebracht, daß Kindsmägde, Pflegemütter u.s.w. kleinen Kindern, um diesen Nachts Schlaf zu bewirken, Mohnkapselthee, Mohnsamenthee oder Mohnsäftchen reichen, ja sogar die sogenannten Schlozzer in Branntwein getaucht, in den Mund stecken, um denselben Zweck des Einschlafens zu erreichen.

Diese Mittel zu solchen Zwecken verwendet, sind den Kindern schädlich, – ja lebensgefährlich, und es werden daher nicht nur unvernünftige Mütter, sondern insbesondere Mägde und Pflegemütter vor solchem Gebrauche mit dem Bemerken gewarnt, daß im Betretungsfalle strenge Bestrafung erfolgen werden, außerdem aber auch Pflegemüttern die Erlaubniß – Kost- oder Pflegekinder zu übernehmen – entzogen, und fremden Mägden der fernere Aufenthalt in der Stadt verweigert werden würde.

München, den 1. August 1855.

Königl. Polizei-Direktion München.
Düring, kgl. Polizei-Direktor.

Schneider.

(PA. 1855, S. 175, Nr. 571)

74.
Unachtsamkeit der Fußgänger
(1855)

Auch damals gab es unachtsame Fußgänger, die infolge ihres Leichtsinns überfahren oder überritten wurden. Besonders hat es die Polizei mit ihrer Warnung auf diejenigen abgesehen, die sich mitten auf der Fahrbahn bewegten, obwohl sie die »allenthalben neu hergestellten Trottoirs«, auf die man ersichtlich stolz war, hätten benutzen können.

In neuerer Zeit sind wiederholte Beschädigungen von Personen durch Ueberfahren und Ueberreiten vorgekommen.

Die genaue Constatirung hat ergeben, daß eine große Zahl solcher Unglücksfälle nicht durch Unachtsamkeit oder Ungeschicklichkeit der Kutscher veranlaßt ist, sondern ihren Grund lediglich in der Sorglosigkeit hat, mit welcher das Publikum sich ohne alle Rücksicht auf die Wagen und Reiter mitten in der Fahrstraße bewegt. – So sehr die unterfertigte kgl. Behörde bestrebt ist, den Vollzug der bestehenden Fahr- und Reitordnung mit aller Strenge zu handhaben, eben so sehr sieht sie sich veranlaßt, das Publikum zu größerer Achtsamkeit aufzufordern, welche durch die jetzt allenthalben neu hergestellten Trottoirs um so leichter eintreten kann.

Zugleich wird das Ausschreiben vom 25. März v. Js., nach welchem Kinder unter 6 Jahren ohne Aufsicht auf die Fahrstraße nicht gelassen werden dürfen, – zur genauesten Beachtung mit dem Anhange in Erinnerung gebracht, daß zuwiderhandelnde Eltern, Dienstboten oder sonst zur Aufsicht verpflichtete Personen mit der verordneten Strafe unnachsichtlich belegt werden müßten.

München, am 6. September 1855.

Königl. Polizei-Direktion München.
Düring, kgl. Polizei-Direktor.

Schneider.

(PA. 1855, S. 835, Nr. 655)

75.
Ausweichen der Fuhrwerke und übermäßiges Peitschenknallen
(1865)

Zehn Jahre später hat es die Polizei mit der Renitenz der Kutscher, insbesondere der Führer von Ziegeleifuhrwerken, zu tun. Die weichen entgegenkommenden Reitern und Fahrzeugen nicht aus, sondern belegen sie in brutaler Weise mit groben Ausdrücken. Außerdem knallen sie unausgesetzt mit den Peitschen. Da hilft nur Anzeige und notfalls Festnahme und Vorführung.

Man sieht die altbayerischen Grobiane förmlich vor sich, wie sie mit ihren Fuhrwerken von Unterföhring oder Berg am Laim kommend die dort gebrannten Ziegel in die Stadt befördern und dabei schimpfen, fluchen und ihre Peitschen knallen lassen. Auch wenn alles etwas umständlich ausgedrückt ist – die Farbigkeit und Anschaulichkeit der Darstellung würde man den heutigen Vorschriftenverfassern wenigstens hin und wieder wünschen.

In neuerer Zeit häufen sich die Beschwerden über Nichtbeachtung der Allerh. Verordnung vom 23. Juni 1863 »das Ausweichen der Reiter, Fuhrwerke und Viehheerden auf öffentlichen Straßen, Wegen und Plätzen betr.«

Insbesondere wird darüber geklagt, daß die Führer von landwirtschaftlichen Fuhrwerken, namentlich von Ziegelfuhrwerken, nicht allein in vorschriftsmäßiger Weise nicht ausweichen, sondern auch den entgegenkommenden Reitern und Wagenführern in brutaler Weise mit groben Ausdrücken begegnen.

Die Führer von Fuhrwerken werden auf Ziff. 2 der erwähnten Allerh. Verordnung, wornach die Begegnenden zeitig zur Hälfte rechts ausweichen, d.h. rechts auf die Seite so weit einzulenken haben, daß die Hälfte des Weges frei bleibt, mit dem Bemerken aufmerksam gemacht, daß die Polizei-

Organe angewiesen worden sind, dieser Bestimmung den Vollzug zu sichern, renitente Wagenführer anzuzeigen und dieselben, wenn sie sich über ihre Person in verlässiger Weise zu legitimiren nicht im Stande, auf Grund des Art. 44 des Einführungsgesetzes festzunehmen und der k. Polizei-Direktion vorzuführen.

Am 22. Juli 1865.

Königl. Polizei-Direktion München.
Pfeufer, k. Polizei-Direktor.

(M. ABl. 1865, S. 643, Nr. 498)

Die Führer landwirthschaftlicher Fuhrwerke, insbesondere Ziegelfuhrwerke, machen es sich förmlich zur Aufgabe, durch das unausgesetzte Peitschenknallen groben Unfug an öffentlichen Orten zu verüben.

Der Artikel 60 des Polizeistrafgesetzes verbietet solchen Unfug.

Die Polizei-Organe sind deshalb angewiesen, die Uebertreter der erwähnten Gesetzesbestimmung anzuzeigen und, wenn dieselben über ihre Person sich nicht genügend auszuweisen vermögen, auf Grund des Art. 44 des Einführungsgesetzes festzunehmen und der k. Polizeidirektion vorzuführen.

Am 22. Juli 1865.

Königl. Polizei-Direktion München.
Pfeufer, k. Polizei-Direktor.

(M. Abl. 1865, S. 644, Nr. 499)

76.
Verbreitung beunruhigender Nachrichten
(1866)

Das klingt recht geheimnisvoll. Wie das Datum der Bekanntmachung erkennen lässt, ist sie wenige Tage nach Ausbruch des preußisch-österreichischen Krieges von 1866 publiziert worden, in dem Bayern auf österreichischer Seite kämpfte. Die Mahnung im zweiten Absatz erscheint sehr milde, wenn man daran denkt, wie solche Vorgänge in unserem Jahrhundert behandelt worden sind. Zwischen 1939 und 1945 haben vergleichbare Äußerungen ohne Rücksicht auf ihren Wahrheitsgehalt schon ausgereicht, um wegen sogenannter Wehrkraftzersetzung die Todesstrafe zu verhängen.

Die Verbreitung falscher Nachrichten und Gerüchte, welche in neuester Zeit die Einwohnerschaft beunruhigt haben, hat bereits Einleitung strafrechtlicher Untersuchung gegen bestimmte betheiligte Personen zur Folge gehabt.

Es wird daher aufmerksam gemacht, daß Nachrichten und Gerüchte, welche auf die politischen und kriegerischen Verhältnisse Bezug haben, sehr behutsam aufzunehmen und sorgsam zu prüfen sind, um nicht zur Weiterverbreitung von Erdichtungen, welche den öffentlichen Zuständen Schaden bringen können, behilflich zu sein.

Gegen solche Personen aber, welche wissentlich falsche, Beunruhigung und Aufregung abzielende Gerüchte ausstreuen oder verbreiten, wird, wie in den oben erwähnten Fällen, unnachsichtlich gemäß Art. 119 Einleitung strafrechtlicher Untersuchung veranlaßt werden.

Am 29. Juni 1866.

Königl. Polizei-Direktion München.
Graf Luxburg, k. Polizei-Direktor.

(M. ABl. 1866, S. 753, Nr. 433)

77.
Bierverfälschungsmittel
(1868)

Das Reinheitsgebot ist in Bayern zu allen Zeiten hoch gehalten worden – auch und gerade im 19. Jahrhundert. Hier verteidigt es die Polizeidirektion gegen einen Berliner Fabrikanten, der es sogar wagt, sein verdächtiges Erzeugnis als bayerisches (!) Bierbouquet anzupreisen.

Von dem Fabrikanten Julius Remme in Berlin werden Bierverfälschungsmittel unter der Bezeichnung: Bier-Couleur, bayerisches Bierbouquet, Brau-, Malz- oder Traubenzucker u.s.w. mittelst gedruckter Geschäftsbriefe zum Gebrauche empfohlen.

Unter Hinweisung auf Art. 325 des Strafgesetzbuches vom 10. November 1861 wird vor Verwendung der vorstehenden Surrogate bei der Bierbereitung, sowie überhaupt vor Beigabe fremder Stoffe zum Bier bei Vermeidung der Strafverfolgung gewarnt.

Am 22. April 1868.

Königl. Polizei-Direktion München.
v. Burchtorff, k. Polizei-Direktor.

(M. ABl. 1868, S. 363, Nr. 270)

78.
Auswanderung des Ferdinand Tischl nach Preußen
(1868)

Da kann man nur einmal mehr sagen: Das waren noch Zeiten, in denen die Behörde einem biederen bayerischen Untertanen deshalb in ihrem Amtsblatt Publizität gab, weil er nach Preußen auswandern wollte! Der Name des Bäckergesellen und Dampfschiffheizers Ferdinand Tischl ist so der Nachwelt erhalten geblieben. Und wir können uns die Köpfe darüber zerbrechen, wie es einer zunächst zum Bäckergesellen und dann zum Dampfschiffheizer gebracht hat und warum er dann ausgerechnet nach Preußen übersiedelt ist.

Der Bäckergeselle, nun Dampfschiffheizer Ferdinand Tischl von hier beabsichtigt nach Preußen auszuwandern.

Allenfallsige Forderungen gegen denselben sind binnen 14 Tagen von der Einrückung dieser Bekanntmachung an bei der unterfertigten Behörde anzumelden, widrigenfalls die Entlassungs-Urkunde ohne Rücksicht auf dieselben ausgefertigt würde.

Am 11. Juli 1868.

Königl. Polizei-Direktion München.
v. Burchtorff, k. Polizei-Direktor.

(Bekanntmachung vom 11. Juli 1868, M. ABl. S. 573)

79.
Fahren mit Velocipédes
(1869)

Die Innenstadt war dank dieser Vorschrift nicht nur eine raucherfreie (vgl. Text Nr. 70), sondern auch eine radfahrerfreie Zone. Veloziped nannte man damals das, was später Fahrrad hieß. Gelegentlich handelte es sich dabei um Hochräder. Viel Platz ihre Räder zu benutzen blieb diesen frühen Radlern nicht übrig. Besonders ärgerlich muss es für sie gewesen sein, wenn sie innerhalb der gesperrten Zone wohnten.

Das Fahren mit Velocipédes jeder Art ist auf den Straßen und Plätzen der inneren Stadt, in der Hofgarten-, Maximilians-, Ludwigs-, Sonnen-, Blumen-, Müller-, Schützen-, Bayer- und Briennerstraße, sowie am Maximilians-, Karls-, Gärtner- und Marstallplatze, dann im k. Hof- und englischen Garten, sowie in den Isaranlagen verboten.

Am 23. April 1869

Königl. Polizei-Direktion München.
v. Burchtorff, k. Polizei-Direktor.

(M. ABl. 1869, S. 329, Nr. 226)

80.
München-Nymphenburger Trambahn
(1883)

Diese Vorschrift erinnert daran, dass von 1883 bis 1900 zwischen dem Stieglmaierplatz – später sogar schon von der Briennerstraße – und der heutigen Notburgastraße eine Trambahn verkehrte, die von einer Dampflokomotive gezogen wurde. Blumenpflücken während der Fahrt war nach Buchstabe a) verboten. Originell die Bezeichnung »Wägelchen« für die Anhänger. Heute würde sich kaum ein Verkehrsunternehmen eine solche Verniedlichung seiner Verkehrsmittel gefallen lassen.

Gemäß Entschließung des k. Staatsministeriums des k. Hauses und des Aeußern vom 9. lfd. Mts. wurde die sofortige Inbetriebnahme der Trambahnlinie München–Nymphenburg gestattet, weshalb Seitens der unterfertigten Behörde bis zur Erlassung ortspolizeilicher Vorschriften folgende Anordnungen auf Grund des §366 Ziff. 10 des R.-St.-G.-B. als vorübergehende Bestimmungen getroffen und hiemit veröffentlicht werden:

a) während der Fahrt darf weder ein- noch ausgestiegen werden;
b) die Lokomotive muß augenblicklich stille halten, wenn in der Nähe befindliche Pferde oder andere Thiere sich unruhig zeigen;
c) abgesehen hievon darf nur an den Haltestellen gehalten werden;
d) die Wägelchen dürfen nur im Nothfalle und an Ausweichstellen geschoben werden; bei jedem geschobenen Zug muß ein Bediensteter an der Spitze desselben so postirt sein, daß er die Bahnstrecke überblicken und glechzeitig von dem Maschinenführer beobachtet werden kann;
e) die Spitze und der Schluß des Zuges muß bei Dunkelheit entsprechend beleuchtet und mit Signallaternen versehen sein.

München, den 9. Juni 1883.

Königliche Polizei-Direktion München.
Frhr. v. Pechmann.

(M. ABl. 1883, S. 235, Nr. 234)

Abkürzungen

fl.	=	Gulden (»Florin«)
GBl.	=	Gesetzblatt
GVBl.	=	Gesetz- und Verordnungsblatt
l.J., l.Js.	=	laufenden Jahres
M. ABl.	=	Münchener Amtsblatt
PA.	=	Polizeianzeiger
RBl.	=	Regierungsblatt
S.	=	Seite
Sp.	=	Spalte